D0242480

James Connolly
Working Class Hero

Written by Ann Carroll
and illustrated by Derry Dillon

IRELAND'S BEST KNOWN STORIES
IN A
NUTSHELL

Published 2016
Poolbeg Press Ltd

123 Grange Hill, Baldoyle
Dublin 13, Ireland

Text © Poolbeg Press Ltd 2016

A catalogue record for this book is available from the British Library.

ISBN 978 1 78199 872 4

All rights reserved. No part of this publication may be reproduced or transmitted in any form or by any means, electronic or mechanical, including photography, recording, or any information storage or retrieval system, without permission in writing from the publisher. The book is sold subject to the condition that it shall not, by way of trade or otherwise, be lent, resold or otherwise circulated without the publisher's prior consent in any form of binding or cover other than that in which it is published and without a similar condition, including this condition, being imposed on the subsequent purchaser.

Cover design and illustrations by Derry Dillon
Printed by GPS Colour Graphics Ltd, Alexander Road, Belfast BT6 9HP

This book belongs to

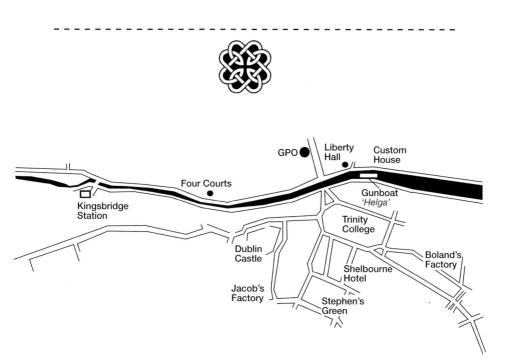

GPO

Liberty Hall

Custom House

Four Courts

Kingsbridge Station

Gunboat 'Helga'

Trinity College

Dublin Castle

Boland's Factory

Shelbourne Hotel

Jacob's Factory

Stephen's Green

Available in the Nutshell Myths & Legends series

The Children of Lir
How Cúchulainn Got His Name
The Story of Saint Patrick
The Salmon of Knowledge
The Story of the Giant's Causeway
The Story of Newgrange
Granuaile – The Pirate Queen
Oisín and Tír na nÓg
The Story of Brian Boru
Deirdre of the Sorrows
Heroes of the Red Branch Knights
The Adventures of the Fianna
The Adventures of Maebh – The Warrior Queen
Diarmuid and Gráinne and the Vengeance of Fionn
Saint Brigid the Fearless
The Vikings in Ireland
Journey into the Unknown – The Story of Saint Brendan
The Story of Tara
Niall of the Nine Hostages

Poolbeg are delighted to announce that some of our Nutshell titles are now available in Irish

Available now

James Connolly, leader of the Irish Citizen Army, stood in front of his troops at Liberty Hall, Dublin. A short man with a black moustache and dark eyes, he wore a dark-green uniform and had a slouch hat which was caught up at one side.

"I salute you, brave men and women of the Irish Citizen Army! You came together in 1913 to defend the Dublin workers during a strike for better wages and conditions. Now, on this day, Easter Monday 1916, we continue the fight for your rights and the rights of all workers! Workers should be the ones to decide who rules this country, and should get an equal share of what Ireland has to offer!"

Everyone cheered.

"Workers must no longer be the slaves of society. Women will no longer be slaves of those slaves. We fight together!"

The women members of the Irish Citizen Army, including his good friend the Countess Markievicz, all cheered loudly.

James handed out revolvers to the women. "Don't use these except as a last resort," he told them.

"I've just heard that most of the Irish Volunteers are not turning up for the Rising," his friend Bill O'Brien said. "Their Chief of Staff cancelled it yesterday because he doesn't think we have enough weapons. How will this end?"

"Bill, we are going out to be slaughtered," said James.

James and the Citizen Army marched to
the General Post Office in O'Connell Street,
to meet up with the Irish Volunteers. There,
he and his only son Roddy, who was just
fifteen, waited for Pádraig Pearse, the leader
of the Volunteers, to tell him the news.

"We have enough men. We will fight!"
Pádraig declared.

"Well, you have the support of my Citizen
Army," said James.

He turned to the men. "Clear any civilians from the buildings nearby and build some barricades across the street, using bales of cloth from that tailor's shop."

But just then a crowd of looters rushed into the shop and tried to run off with the bales.

"Shoot over their heads!" James shouted.

This did not stop the looters.

"Charge them with your bayonets, but do not hurt them," he commanded.

This was successful. The looters dropped the cloth and ran away.

James had been a soldier in the British Army for seven years. He managed to enlist when he was only fourteen by pretending to be older. So he knew how to fight and command troops.

The flags of the new Republic were raised from the roof of the GPO, and across the road the Citizen Army flag, called the Starry Plough, flew from the roof of the Imperial Hotel.

James stood with Pádraig as he read the *Proclamation of the Irish Republic* from the steps of the GPO.

Many people were very hostile to the rebels. "You should be fighting with the British army in the war against Germany! Like thousands of other Irishmen!" they yelled.

Others were on the rebels' side. One of them was a milkman who promised to deliver milk every day to the people in the GPO.

As the battles began, some Irish rebels started to arrive at the GPO with British prisoners. Other rebels across the road thought that the British were attacking the GPO and opened fire.

James ran out into the street. "Stop firing!" he shouted. "These are Irish soldiers with British prisoners!"

A man arrived with his son. "I am Pat Fox. This is my son Jimmy, wearing my uniform. He wants to fight. Take him with you. I am too old for the job."

"How old are you, son?" asked James.

"I am sixteen, sir."

"Brave lad. We are sending a group up to Stephen's Green to help with the fighting there. You can go with them."

Jimmy saluted, said goodbye to his father, and left.

Later that day a man came into the GPO looking to buy a stamp. James turned the man away.

The man was very annoyed. "What is Dublin coming to when you can't buy a stamp at a post office?"

James received a message to say a number of rebels were trapped nearby by a British unit. He gathered a group of soldiers and led a charge down Liffey Street. They succeeded in forcing the British out of some buildings and rescued the men.

When he got back to the GPO, James was
told that Jimmy Fox had been killed in battle.
He said a silent prayer for the boy then called
his son Roddy over.

"I have an important mission for you, Roddy.
I want you to take these documents to Bill
O'Brien at Belvedere Place, and stay there
until I send word for you to return."

"I want to fight with you, Dad," Roddy said with tears in his eyes.

"I know you do, son, but you are a soldier and you have to follow orders."

Roddy reluctantly obeyed his father and left with the documents.

James watched his son leave. Your poor sister Mona was only thirteen when she died in a terrible house fire, he thought. I will not allow another child of mine to die.

Days passed. The looting continued.

"The poor people of Dublin are stealing food from the shops," a messenger reported.

"I know what it is like to be poor and hungry," said James. "I lived it every day, growing up in Edinburgh in Scotland."

"What is a Scottish person doing in this fight?"

"My parents were Irish, from County Monaghan," said James. "And I have been here for many years. The voices of children playing on the streets of Dublin are music to my ears. It is Dublin I love."

The fighting became more intense as more British soldiers arrived into Dublin.

The British gunboat *Helga* shelled Liberty Hall, even though only the caretaker was in the building, and then hit the GPO and shops on O'Connell Street which burst into flame.

As the battle raged, James encouraged the Volunteers to sing songs to keep up morale.

On Thursday, he went outside to observe the fighting. He returned to the GPO some time later and spoke privately to Dr. Doyle who was helping the wounded.

"I have a wound in my arm. It's a flesh wound from a bullet. Can you bandage it for me? But don't tell the others I've been shot. It might lower the morale of our people."

The doctor secretly bandaged the wound.

James then left the GPO again to check on the fighting.

Not long afterwards, an injured man was carried into the GPO on a stretcher. It was James. He had been shot in the ankle.

The nurses of Cumann na mBan, which was the women's branch of the Irish Volunteers, called Dr. Doyle.

"The wound is bad," he said to James. "The bones in your leg and ankle have been fractured by the bullet. I need to operate immediately to stop the bleeding and to bind your bones together."

James grimaced. He was in great pain.

Another doctor, Dr. Ryan, ran over to help, and a British Army prisoner named O'Mahony, who been sitting against a wall, spoke up. "I am a doctor. Let me help."

"We will take all of the help we can get," replied Dr. Doyle.

The three doctors worked on James and managed to stop the bleeding and put his leg in splints.

Afterwards the doctors kept a close eye on James who was in constant pain and unable to sleep. They gave him pain-killing injections, but they were very worried about his condition.

James refused to go to Jervis Street Hospital for his own safety. He was put into the only empty bed in the GPO but he insisted on it being moved to the front of the building, so that he could observe the battle outside.

"Nothing can conquer the will of this man," Dr. Doyle said to Pádraig Pearse.

"He lies wounded but is still the guiding brain of our resistance," Pádraig replied.

"Dr. Doyle, will you arrange for all of the medics, women and patients to leave the GPO?" said James. "It's becoming too dangerous for them. Take whatever men you need to get these people to Jervis Street Hospital."

The nurses did not want to leave, but in the end most of them were persuaded to go.

James called his secretary, Winifred Carney, to his side.

"Winifred, send this message out to all of the Volunteers: 'For the first time in 700 years the flag of a free Ireland floats triumphantly in Dublin City. As you know I was wounded yesterday but, with the assistance of your officers, will be just as useful to you as ever. Courage, boys, we are winning. Let us not forget the splendid women who everywhere stood by us and cheered us on. Never had man or woman a grander cause, never was a cause more grandly served.'"

Later that day, with O'Connell Street and the GPO in flames, Pádraig Pearse and James agreed that the GPO had to be evacuated. James ordered the release of all British prisoners, including Dr. O'Mahony.

Many people were shocked to see that James was on a stretcher. Large numbers volunteered to be his bodyguard. As he was carried down the street, a young boy shielded him with his body from any British snipers that might be hiding in buildings.

"If you don't run they may get you, my boy," James said.

"Better for them to get me and save you, General!"

"Ireland need have no fear for her freedom when she has youths like you," said James.

They entered one house on Moore Street and then moved James from house to house through holes which had been made in the walls. The stretcher would not fit through the holes, so they had to carry him in a sheet. The pain from his injuries was intense, but James did not show it.

When they reached the last house where
some of the other leaders were waiting, they
discovered the staircase was very narrow.
The Volunteers had to lift James over their
heads, so that his body hung over the rail of
the staircase.

"Heavy load, mate," James said to one of
the men.

"How is he?" Pádraig Pearse asked when they had set him down gently on the floor.

"He must have suffered torture when he was in that sheet going from house to house, but he never once complained," Dr. Doyle replied.

Pádraig walked over to where James was lying and sat beside him. "James, the time for fighting is over. We must surrender to avoid more loss of life."

"You are right, Pádraig. I cannot bear to see
any more brave followers burnt to death."

James and Pádraig signed the letter of
surrender which was delivered by Nurse
Elizabeth Farrell to the British authorities.
James shaved himself with a razor before he
surrendered, with Winifred's help.

James was arrested and brought to the
Dublin Castle Red Cross Hospital where Dr.
Ridgway operated on his leg. Two aluminium
rods were placed on each side of the leg to
immobilise it, and it was held in position by
Plaster of Paris. His leg was badly infected
with gangrene, which was very dangerous.

At his court-martial James said, "It was never our intent to injure unarmed persons. The British government has no right in Ireland. I have lived to see the day when Irish men and boys, and Irish women and girls were ready to affirm that truth."

As he rested in hospital, the doctor became very friendly with James.

"The other leaders have been executed – I am sorry," he said.

"There is nothing to be sorry for. They died as honourably as they lived."

"Is there anything I can do for you?" the doctor asked.

"Yes, if I write a message, could you deliver it to my wife?"

The doctor agreed to do this. The next day he ran into the ward holding a telegram.

"The British Prime Minister Asquith has ordered that your execution should be postponed. You may be saved."

"Doctor, you know if the British do not kill me, the gangrene in my leg will. Besides, the British have had 35 blindfolds and white cards made for the executions. They won't want those to go to waste!"

"White cards? What are they for?"

"They pin the card near the heart so the firing squad have a target to aim for."

James was right. General Maxwell was the leader of the British forces in Ireland and he threatened to resign if the execution was postponed. Britain was still fighting a war with Germany and needed his services, so the execution was ordered to proceed.

Later that day a British officer entered with some other soldiers.

"James Connolly, you must come with us," he declared.

"He may not survive the next few days," whispered the doctor. "Why is there such a rush to take him now?"

"Sorry, doctor, I have my orders," replied the officer.

James' wife Lillie and his daughter Nora were allowed to come and say goodbye.

"Well, Lillie, you know what this means?" said James weakly.

"Oh James, not that, not that!" cried Lillie. "Your beautiful life! Your beautiful life!"

"Don't cry, dear. I believe I am leaving this world a better place than I found it. Take care of my five girls, and Roddy."

James was lifted out of his bed by some soldiers and put into a wagon which brought him to Kilmainham Gaol.

He was carried to the courtyard on a stretcher where the firing squad was waiting for him. He was blindfolded and a white card was pinned to his chest. Then, as he was not able to stand, he was tied to a chair.

A local priest, Father Aloysius, asked him, "Will you pray for the men who are about to shoot you?"

"I will say a prayer for all brave men who do their duty according to their conscience." James then smiled and, using the dying words of Jesus, he said: *"'Father, forgive them, for they know not what they do.'"*

When James had finished speaking, the firing squad took aim. The officer in charge dropped his arm as a signal, and they shot James where he sat.

James was the last of the leaders of the Easter Rising to be executed. The Irish people were angry at the executions, and they were particularly upset at the cruel manner of James' death. They became more interested in the idea of an Irish Republic, able to rule itself, and by 1922 Ireland was a Free State and later a republic. So we can say the rebels won in the end.

As for James, Pádraig Pearse said: *"Those who have fought in the Rising have won a great thing. If I were to mention names of individuals, my list would be a long one. I will name only that of James Connolly."*

Today James' statue stands outside Liberty Hall, behind him the Starry Plough of the workers' flag.

The End

JAMES
CONNOLLY
1868 ~ 1916

Leabharlanna Poiblí Chathair Baile Átha Cliath
Dublin City Public Libraries

All you need to know about Ireland's best loved stories in a nutshell

Also available in the series

🛒 ORDER ONLINE from poolbeg.com

Buíochas

Sraith léachtaí atá san imleabhar seo ó chomhdháil a reáchtáladh i nDeireadh Fómhair 2007 le comóradh a dhéanamh ar Sheán Ó Ríordáin tríocha bliain i ndiaidh a bháis. In Institiúid na hÉireann don Léann Daonna sa Choláiste Ollscoile, Baile Átha Cliath, a reáchtáladh an chomhdháil faoi choimirce fhoireann na Nua-Ghaeilge i Scoil na Gaeilge, an Léinn Cheiltigh, Bhéaloideas Éireann agus na Teangeolaíochta.

Is mian leis na heagarthóirí buíochas a ghabháil le Liam Mac Mathúna, le hAngela Bourke agus le Seosamh Watson as a gcuid tacaíochta ar fad ar feadh an ama agus an chomhdháil féin agus an foilseachán seo á réiteach. Tá buíochas freisin ag dul d'fhoireann Chló Iar-Chonnacht, go háirithe do Mhicheál Ó Conghaile agus do Lochlainn Ó Tuairisg, as gairmiúlacht a gcuid oibre agus an saothar seo á réiteach chun foilsithe. Thar aon ní eile ba mhaith linn buíochas a ghabháil leis na cainteoirí ar fad a bhfuil aistí leo san imleabhar seo, a roinn a gcuid eolais ar shaothar an Ríordánaigh linn go fial le linn na comhdhála, agus le Gearóid Denvir, a rinne amhlaidh sa réamhrá a thoiligh sé go flaithiúil a scríobh don chnuasach.

Ní mór aitheantas agus buíochas a thabhairt do na daoine seo a leanas as an gcomaoin a chuir siad ar an gcomhdháil: na cathaoirligh ar na seisiúin éagsúla: Máirín Nic Eoin, Seán Ó

Coileáin, Diarmuid Ó Sé, Alan Titley, Nicholas Williams; cainteoirí eile nach bhfuil a saothar cnuasaithe anseo: Regina Uí Chollatáin, Seán Ua Súilleabháin agus Cathal Goan; na filí agus na ceoltóirí a ghlac páirt san oíche chultúrtha a chuir deireadh leis an gcomhdháil, go háirithe Aifric Mac Aodha, Biddy Jenkinson agus Liam Ó Muirthile; foireann RTÉ Raidió na Gaeltachta Dónall Ó Braonáin agus Cearbhall Ó Síocháin; na hurraitheoirí Foras na Gaeilge, Bord na Gaeilge, An Coláiste Ollscoile, Baile Átha Cliath agus Coiste Léann na Gaeilge, Acadamh Ríoga na hÉireann; lucht cuidithe sa Choláiste Ollscoile, Baile Átha Cliath: Meidhbhín Ní Urdail, Anna Germaine, Siobhán Ní Mhaolagáin, Ben Shorten, Medb Johnstone, Valerie Norton agus foireann Institiúid na hÉireann don Léann Daonna, Eimhear Ní Dhuinn agus foireann Theanglann na Nua-Ghaeilge, foireann an tSeomra Chaidrimh agus foireann na Leabharlainne; go háirithe, baill eile an choiste eagraithe, Máire Nic an Bhaird, Caitríona Ní Chléirchín agus Ríona Nic Congáil; agus, go speisialta, Caitlín Mhic Clúin, Riarthóir na Nua-Ghaeilge, An Coláiste Ollscoile, Baile Átha Cliath.

Liam Mac Amhlaigh
Caoimhín Mac Giolla Léith
1 Deireadh Fómhair 2009

Tá Liam Mac Amhlaigh buíoch dá chomheagarthóir, Caoimhín Mac Giolla Léith, as dréacht dá pháipéar féin a léamh, agus tá Pádraig Ó Liatháin buíoch de Phádraig de Paor a léigh a alt féin agus d'Antain Mag Shamhráin a mhol alt ar Phíotagaras dó.

Noda

ES *Eireaball Spideoige*
B *Brosna*
LL *Línte Liombó*
TÉMB *Tar Éis mo Bháis*

Réamhfhocal

GEARÓID DENVIR

Tá sé tráthúil gur sa Choláiste Ollscoile, Baile Átha Cliath, a reáchtáladh an chomhdháil Fill Arís: Oidhreacht Sheáin Uí Ríordáin ar a bhfuil an leabhar seo bunaithe. Bhí an Ríordánach ina scríbhneoir cónaitheach i gColáiste na hOllscoile, Corcaigh, agus Seán Ó Tuama ina léachtóir Gaeilge, ina chriticeoir ceannródaíoch agus ina shaoi liteartha san institiúid chéanna i ndeireadh na seascaidí agus i dtús na seachtóidí, tráth a raibh glúin *Innti* (ar rugadh a bhformhór thart ar an am a foilsíodh *Eireaball Spideoige*) i mbun a macghníomhartha filíochta a thiocfadh chun aibíochta sa ghlúin iar-Ríordánach. Trátha an ama chéanna san ardchathair bhí meanmaí liteartha ag gabháil do mhic léinn óga ar champas nuabhunaithe Bhelfield agus toradh a saothair le léamh ar leathanaigh *Nua-Aois*, agus ar champas seanbhunaithe na Tríonóide áit ar foilsíodh an iris *Lug*. Le linn an ama seo freisin sna ranna Gaeilge ar fud na tíre is ea a tugadh a háit dhlisteanach don nualitríocht den chéad uair ar na siollabais léinn.

Bhí foireann fhorásach i mbun an chúraim sin i mBelfield ag an am: Breandán Ó Buachalla, Alan Harrison agus Eoghan Ó hAnluain. Bhí mé féin i mo mhac léinn sa dara bliain i bhfómhar na bliana 1970 agus Eoghan Ó hAnluain i mbun na nuafhilíochta linn. *Eireaball Spideoige* an téacsleabhar a bhí againn ar an gcúrsa, agus idir an fhilíocht féin, na léachtaí spreagúla agus aiste cháiliúil Uí Thuama ar an Ríordánach a foilsíodh tamall gairid ina dhiaidh sin in *Studia Hibernica*, bhíothas á chur ar ár súile dúinn go mba chuid de dhioscúrsa na freacnairce an Ghaeilge agus a cruinneshamhail. Níorbh fhéidir sin a mhaíomh ar ghnéithe eile den chúrsa léinn ag an am, áfach, ná go deimhin ar na modhanna a mbaintí gaisneas astu lena n-iniúchadh agus lena gcur inár láthair. Labhair *Eireaball Spideoige* (agus saothair nua-aoiseacha eile) linn i nguth cine a chualamar soiléir (agus cuireadh inár láthair iad i mbealaí eile) seachas mar a labhair na *Burdúin Bheaga, Measgra Dánta* nó *Desiderius*, dá fheabhas iad. Chuir Ó Ríordáin friotal ar cheisteanna a bhí ag borradh inár n-intinn féin sa ré iar-de Valera, iar-Vatacáin II ina rabhamar ag teacht in inmhe. Tréimhse a bhí ann a raibh cead ag an *ego* a bheith uaibhreach, easumhal, a raibh cead agat – fiú dualgas ort – ceist a chur le fuil do chroí, gach uile bhraon. Agus ainneoin dhíspeagadh luath Mháire Mhac an tSaoi ar *Eireaball Spideoige*, nuair a d'áitigh sí nach raibh sna ceisteanna a dhúisigh an cnuasach ach gnáthscrupaill choinsiasa an Chaitlicigh óig, bhain siad le hábhar. Le hábhar an tsaoil bheo nua a bhí ag teacht chun cinn sa sráidbhaile domhanda ag an am: ceist na saoirse pearsanta, an choinsiasa agus an reiligiúin i ndomhan a bhí ag druidim i dtreo na hiar Chríostaíochta; ceist bhuneisint an duine dhaonna, an *condition humaine* agus ionad agus slánú an duine aonair i gcruinne choimhthíoch, ghuairneánach; ceist na pláighe nó ceist ghalar na daonnachta; ceist an chaidrimh idirdhuineata; ceist an dúchais ar leibhéal an duine aonair agus ar leibhéal an phobail; ceist ionad agus fhiúntas an fhocail mar réiteach ar ghábh eisiach an daonnaí. Ceisteanna *Zeitgeist* na linne. Ceisteanna a bhí ina n-ábhar díospóireachta ag mic léinn dhíochra, dhíograiseacha, dhích-eallacha an ama taobh istigh agus taobh amuigh de hallaí léachta.

As na ceisteanna ríordánacha seo a d'eascair an ghlúin iar-Ríordánach filí Gaeilge, filí *Innti* agus filí neamh-*Innti* araon, a baisteadh i gcreideamh an fhocail agus a raibh de mhisneach anois acu a bhfriotal féin a bhualadh ar an domhan mór ina dtimpeall. (B'amhlaidh freisin do lucht an phróis é sa ré iar-Chadhnach ach go raibh moill riar blianta orthusan, b'fhéidir – ach sin scéal do lá eile!) Agus má chuaigh lucht éigse na Gaeilge conairí éagsúla ina n-aistear pinn agus saoil seachas mar a chuaigh file Bhaile Bhuirne, agus má chuireadar suas fiú do chuid mhaith dá raibh le rá aige, ina dhiaidh sin is uile ba le faobhar na faille siar in Anglia Sheáin Uí Ríordáin a chuadar uilig i gcéaduair. Murach saothar Uí Ríordáin, murach gur foilsíodh *Eireaball Spideoige* i 1952, ní fhásfadh an bláth sin ar an gcraobh. Mar a dúirt Seán Ó Tuama san aiste thuasluaite, bhain 'Adhlacadh Mo Mháthar' geit as friotal liteartha na Gaeilge – agus b'ann don nuafhilíocht!

Féachann na dánta in *Eireaball Spideoige* ó dhán go chéile, agus sa chnuasach mar ráiteas comhtháite ealaíne agus fealsúnta, le freagraí a aimsiú ar na buncheisteanna thuasluaite a bhaineas le nádúr na beatha daonna agus le hionad an duine aonair i gcruinne dhorcha gan bhrí. Cothaítear dá réir sin aontacht mhachnaimh agus fhileata tríd an gcnuasach nach bhfuil le sonrú ar aon chnuasach filíochta Gaeilge roimhe – ná go deimhin ar mhórán dár foilsíodh ó shin. B'fhéidir nach dtabharfaí mórán airde ar cheisteanna den chineál sin inniu, ach in Éirinn Ghaelach, chaomhantach de Valera, agus go gairid i ndiaidh chonspóid Scéim na Máthar agus an Linbh, ba ráiteas misniúil é *non serviam* sin *Eireaball Spideoige*, agus go mór mór ó scríobhadh i nGaeilge é.

Tá na blianta fada den 'tionscal ríordánach' ar chúl aistí an leabhair seo, tionscal ar cuireadh tús leis fiú roimh fhoilsiú *Eireaball Spideoige* le haiste Sheáin Uí Thuama 'File Nua-Aoise' sa bhliain 1949 in iris Choláiste na hOllscoile, Corcaigh, *An Síol*.

Cuireadh dlús faoi sna léirmheasanna, idir ghearr agus fhada, idir mholtach agus cháinteach (agus na conspóidí a lean riar acu) in irisí éagsúla liteartha sna 1950í. Tháinig an tionscal in inmhe in aiste thuasluaite Uí Thuama in *Studia Hibernica* i 1973 agus arís eile ina leabhrán do mhic léinn, *Seán Ó Ríordáin*, a foilsíodh i 1975. Le hathbhaisteadh *Irisleabhar Mhá Nuad* i gcreideamh na nualitríochta i 1966 cuireadh ceann ar shraith aistí suntasacha, ceannródaíocha critice ar an Ríordánach san iris chéanna sin agus in irisí éagsúla eile ó chriticeoirí mar Bhreandán Ó Doibhlin, Eoghan Ó hAnluain, Declan Kiberd agus daoine eile. Ba é *Filíocht Ghaeilge na Linne seo* (1968) Frank O'Brien an chéad leabhar nuachritice sa Ghaeilge a phléigh leis an nuafhilíocht amháin agus bhí caibidil shubstaintiúil ann ar Ó Ríordáin. Níorbh fhada gur tháinig na saothair chritice leabharfhada a díríodh go heisiach ar an Ríordánach: beathaisnéis mháistriúil liteartha Sheáin Uí Choileáin, *Seán Ó Ríordáin: Beatha agus Saothar* (1982); *Seán Ó Ríordáin agus 'An Striapach Allúrach'* le hÉibhlín Nic Ghearailt a rinne iniúchadh ar fhoinsí liteartha allúracha an fhile i 1988; agus mórstaidéar Stiofáin Uí Chadhla ar shaothar próis Uí Ríordáin, *Cá bhFuil Éire?*, a foilsíodh i 1998. Níorbh fholáir cur leis sin eagráin ómóis d'irisí éagsúla (mar shampla, *Comhar*, Bealtaine 1977, iar bhás an fhile) agus cnuasaigh shuntasacha aistí mar *An Duine is Dual* (1980), a d'eascair as léachtaí Scoil Gheimhridh Mherriman i 1979, agus, le deireanas, *Tar Éis a Bháis: Aistí ar Sheán Ó Ríordáin* (2008), imeachtaí sraith léachtaí ar an Ríordánach a reáchtáladh ag Coláiste na hOllscoile, Corcaigh, i gcomhairle le Bardas Chorcaí ag comóradh deich mbliana fichead a bháis. Le blianta beaga anuas, foilsíodh *Modern Irish Poetry: a New Alhambra* (2000) le Frank Sewell, an chéad leabhar critice ar an nuafhilíocht i mBéarla amháin, agus ina bhfuil caibidil iomlán ar Ó Ríordáin, agus in éachtleabhar Mháirín Nic Eoin, *Trén*

bhFearann Breac: An Díláithriú Cultúir agus Nualitríocht na Gaeilge
(2005) fitear gnéithe de reacaireacht an Ríordánaigh go paiteanta
trí scéal iomlán litríocht na Gaeilge sa bhfichiú haois ina
comhthéacs liteartha, teangeolaíoch, idé-eolaíoch agus sochaíoch.
Ábhar leabhair ann féin, go deimhin, ceartliosta a dhéanamh den
chritic ríordánach seo ar fad, gan trácht ar anailís agus iniúchadh
criticiúil a dhéanamh uirthi!

Éilíonn saothar Uí Ríordáin allagar ard intleachta agus tá
criticeoirí a dhiongbhála ag an bhfile sa chnuasach aistí seo. Tá na
húdair éagsúla istigh leo féin ina gcraiceann léinn, agus iad uilig ar
a gcompord i ndioscúrsa na critice comhaimseartha. Eascraíonn
na haistí as an gcritic ríordánach thuasluaite ach san am céanna
cuireann siad clocha ar an gcarn sa méid agus go dtarraingíonn
siad go fial chomh maith ar léann na linne seo: an léann
iarchoilíneach (nó fiú díchoilíneach), an léann cultúrtha agus an
léann dúchais, an eitneolaíocht, agus, ar ndóigh, an chritic agus na
nuatheoiricí liteartha. Baineann na húdair leis an nglúin criticeoirí
a tháinig in inmhe sa domhan iar-Ríordánach. Dá réir sin, níl siad
sáinnithe i linn mharbhánta na léirmheasanna luatha sna hirisí
liteartha a bhí gafa le ceisteanna a bhain le cumas Gaeilge
Uí Ríordáin agus le dlisteanacht a shaothair mar fhilíocht
Ghaeilge seachas *poetry* an Bhéarla faoi chraiceann tanaí Gaeilge
mar dhóigh de. Níl aon chall dóibh aitheasc leithscéalach
merrimanúil a thabhairt lena léiriú nach lirící beaga fánacha gan
dochar atá i bhfilíocht chomhaimseartha na Gaeilge fré chéile, gan
trácht ar fhilíocht Uí Ríordáin. Agus ní gá dóibh ach an oiread
páirt *engagé* a ghlacadh in aon cheann de na haighnis ná na
conspóidí a dhúisigh tuairimí láidre Uí Ríordáin sna haistí próis a
d'fhoilsigh sé.

Músclaíonn aistí an leabhair seo ceisteanna téacsúla agus
comhthéacsúla agus téann siad i ngleic leis an domhan

samhailteach agus leis an bpianfhoclóir a chum an Ríordánach tré shúile na linne seo. Faightear iontu an léamh grinn, leathan, teoiriciúil ar na ceisteanna móra ar mhacraleibhéal an tsaothair mar aonad iomlán aeistéitice, chomh maith leis an mionléamh cáiréiseach, criticiúil ar eochairdhánta ar leith a léiríos an criticeoir i mbun a c(h)eirde ar mhicrileibhéal an téacs ó dhán aonair go chéile agus iad á suíomh san am céanna i gcomhthéacs an tsaothair uilig. Tarraingítear ar fhianaise dhialann Uí Ríordáin (a scríobhadh gan dabht agus leathshúil ar a laghad ag an údar ar an gcló iarbháis) agus ar a chuid scríbhinní próis i gcoitinne d'fhonn peirspictíochtaí seachthéacsúla a fháil ar na dánta. Tugtar a gceart freisin do na dánta fada in *Eireaball Spideoige* atá, dar liom, ar chuid de na dánta fada is tábhachtaí agus is dúshlánaí machnamh sa Nua-Ghaeilge ach gur beag aird cheart a tugadh orthu go nuige seo san allagar criticiúil.

Agus an t-údar seo sa dara bliain ollscoile réamhráite i 1970, tugadh aiste don rang faoi ghné de chúrsa na 'seanlitríochta'. Cur síos a bhí le déanamh ar dhán de chuid na bardfhilíochta. Níor iarradh iniúchadh, anailís ná, go bhfóire Dia orainn, tuairimí. Tuairisc fhíriciúil a bhí ag teastáil – agus gan dearmad a dhéanamh ar chomhaireamh na siollaí. Mar a dúirt an tAthair Peadar i dtús aimsir na hAthbheochana: 'If you have a story to tell, tell it in a straightforward, direct fashion. Begin at the beginning of it. Give me the narrative of its details in a natural consecutive form . . .' Tharraing mé féin i m'aiste ar na modhanna léitheoireachta agus meastóireachta a bhí á gcur ar ár súile dúinn i léachtaí Fraincise (*explication de texte*) agus i léachtaí Eoghain Uí Anluain (an mionléamh grinn géarchúiseach ar an téacs féin, an-chosúil le *close reading* an Bhéarla a bhí faiseanta ag an am). Bhí an t-aischothú ar an aiste thar a bheith spéisiúil: 'Sea. Suimiúil. Ach ní dóigh liom gur féidir smaointeoireacht theibí mar seo a dhéanamh sa

Ghaeilge.' Taca an ama chéanna scríobh an Ríordánach ina cholún san *Irish Times*, tráthúil go leor agus é i mbun léirmheasa ar *Irisleabhar Mhaigh Nuad 1972*:

Dúirt Ó Corcora liom uair gan aon líne a scríobh ná beadh bunaithe ar líne as an seanfhilíocht. Ach cad tá le déanamh nuair a bhíonn nithe lasmuich den dtraidisiún dulta i nduine – nuair a bhíonn an duine níos fairsinge ná an traidisiún? (Gan dabht bíonn sé níos cuinge leis.) Tá sé ceart go leor fanúint laistigh de thuiscint na Gaeilge ach rud eile is ea é cuid díot féin a fhágaint as an áireamh. Ní foláir an dúchas a fhairsingiú dá dhainsearaí é. ('Má Nuad', *The Irish Times*, 12 Lúnasa 1972)

Léirigh filíocht Uí Ríordáin gur fearann dlisteanach don fhilíocht muir ard na hintleachta. Ní hamháin go bhfuil sin le sonrú ar an léamh is dromchlaí ar na dánta féin, ach dearbhaíonn an file arís is eile ina chuid aistí freisin é:

Ach an oiread le hEibhlín Dubh Ní Chonaill nó Máire Bhuí Ní Laoire nó le filíocht na ndaoine níl aon mhachnamh ag Máire Mhac an tSaoi fé mar tá ag Eliot nó Yeats nó fiú Emily Dickinson. Na mothúcháin is ábhar dá dánta. Ní cháinfeadh san í cé go mb'fhéidir go molfadh dar le daoine áirithe. Ní cáineadh ná moladh atá i gceist agamsa. Tuigtear do Sheán Ó Tuama gur feall ar an bhfilíocht an líne is lú fealsúnachta. Níor mhaith liomsa a leithéid de theora a chur le filíocht. Braithim gur mó d'fhilíocht phobail ná d'fhilíocht aonair filíocht na Gaeilge. Tá an cháilíocht so ag baint le Máire Mhac an tSaoi. Bíonn an dúchas agus oipineon an phobail i síorláthair ina saothar ach fós bíonn a séala féin le haithint soiléir air. Ní hionadh go raibh meas mór ag Dónal Ó Corcora uirthi. ('Banfhilíocht na Gaeilge', *The Irish Times*, 21 Samhain 1975)

I gcruinne Uí Ríordáin deimhníonn an cumas machnaimh daonna gurb ann don duine, go bhfuil sé beo ainneoin na n-ainneoin, agus dá réir sin freisin dearbhaítear gurb ionann easpa (chumas) machnaimh agus séanadh na beatha: 'Tá ifreann ar easpa smaointe,' a deirtear faoin Dilettante in *Eireaball Spideoige*. Ní taise don allagar dioscúrsach i leith na filíochta é. Beathaíonn na briathra bráithre an léinn, agus iontráil eile sa chriticfhoclóir ríordánach atá sa leabhar seo a léiríos a shoiléire agus a chaoithiúla a labhras an guth ríordánach leis an athghlúin. Dearbhaíonn sé chomh maith go seasann saothar an fhile teist scéalaíocht fhada na haimsire.

'Is saibhre frithchultúr ná díreach cultúr': Seán Ó Ríordáin agus cros-shíolrú an chultúir in Éirinn

LOUIS DE PAOR

Ceann de na tuiscintí is rathúla atá tagtha chun cinn sa léirmheastóireacht chomhaimseartha is ea gur cultúr cumaisc é cultúr na hÉireann is go bhfuil a rian san ar an litríocht a chumtar i mBéarla agus i nGaeilge. Glactar leis den gcuid is mó gur ábhar ceiliúrtha is ea meascadh agus cros-shíolrú an dá theanga. Ní hamháin san ach is comhartha aibíochta é, de réir dhealraimh, go bhfuilimid ag glacadh le cultúr measctha atá ag síorathrú in áit na seantuiscintí leanbaí go raibh bonn socair leanúnach fénár bhféiniúlacht oidhreachtúil agus gur ghá é sin a chosaint in aghaidh aon ní a thruailleodh tobar fíorghlan an dúchais. I bhfocail Fintan O'Toole: 'the only fixed Irish identity and the only useful Irish tradition is the Irish tradition of not having a fixed identity' (1998: xv).

Ó thaobh na Gaeilge de, glactar leis nach bhfuil aon áit fanta sa Ghaeltacht féin nach mbíonn an Béarla ag cuimilt di is go bhfuil a rian san níos feiceálaí ná riamh ar gach réim den teanga ó chlós na scoile go dtí an seomra nuachta. Mar atá áitithe go hábalta ag Máirín Nic Eoin ina leabhar ceannródaíoch *Trén bhFearann Breac*, is as suímh theagmhála an dá theanga a eascraíonn go leor de litríocht chomhaimseartha na Gaeilge agus is cóir go mbeadh friotal na litríochta ag freagairt don réaltacht shochtheangeolaíoch san (2005).

Níl aon dabht ná go mbeireann coincheap an chros-shíolraithe ar ghné shainiúil de scéal comhaimseartha na hÉireann. Is cultúr briste é cultúr na hÉireann le cúpla céad bliain ar a laghad, is ní féidir a chur i gcéill go bhfuil a leithéid de rud agus féiniúlacht aontaithe leanúnach ar fáil dúinn i nGaeilge ná i mBéarla. Mar sin féin, is cóir, dar liom, a bheith chomh dian ar an soiscéal nua is a bhímid ar na seantéarmaí atá faoi their anois: 'dúchas', 'traidisiún', 'oidhreacht', 'náisiún', 'cine', 'nativisim', 'essentialism' agus mar sin de.

Mar shampla, cé go nglactar leis tríd is tríd gur as an gcros-shíolrú a lean an t-aistriú ó Ghaeilge go Béarla a tháinig bláthú ar litríocht Bhéarla na hÉireann, meabhraíonn David Cairns agus Shaun Richards dúinn an stádas íseal a chuaigh leis an saghas áirithe Béarla a labhair muintir na hÉireann in aimsir Eilíse is Shakespeare:

The Welsh, Scots and Irish must, therefore, be seen to speak English as evidence of their incorporation within the greater might of England, but they must speak it with enough deviations from the standard form to make their subordinate status in the union manifestly obvious. (1998: 11)

Tá an port céanna ag Róisín Ní Ghairbhí nuair a deir sí: 'P. L. Henry's famous description of Hiberno English as the blithe natural child of a forced marriage ignores the trauma passed on to the progeny of a shotgun marriage' (2006: 157). Dhírigh Seán Ó

Ríordáin chomh maith ar an mbochtú stádais a lean an t-aistriú teangan, an tslí gur dhein trudairí briste de chainteoirí líofa nuair a chuireadar uathu a dteanga dhúchais:

Cad é mar umhlaíocht, cad é mar éadóchas, cad é mar mhisneach, cad é mar náire, a dteanga féin a chuir uathu agus dul ar an mBéarla gan oiliúint dá laighead acu chuige agus ansan an Béarla briste sin a labhairt breallach lena máistrí iasachta a bhí chomh teann as a mBéarla féin, as a gcéim, as a gcumhacht. (*Irish Times*, 16 Meán Fómhair 1972)

Ceann de na fadhbanna a bhaineann leis an dátheangachas ná go bhfuil an baol ann i gcónaí go gcaolófar an bhearna idir an dá theanga de réir a chéile is go gcuirfear na difríochtaí a thugann a gcáilíochtaí speisialta dóibh ar ceal. Má theipeann ar an éagsúlacht a dhealaíonn cultúir óna chéile, a deir Michael Cronin, teipeann chomh maith ar an gcaidreamh idirchultúrtha atá ag brath ar an éagsúlacht san:

Hence there can be no relatedness without difference and it is the existence of differences that allow for relatedness to manifest itself. Cultivating and promoting language difference is not a means of severing links but on the contrary a means of giving connections, whether they be political, aesthetic or social, the thickness and substance that comes from intercultural distance, from a refusal to see the (polyglot) other as a simple projection of the (monoglot) self. (2005: 56)

As teangmháil idir cultúir éagsúla a eascraíonn an breac-chultúr idir eatarthu ach ní mór do na bunchultúir teacht slán ina gcáilíocht féin le gur féidir leo an cros a shíolraigh uathu a chothú. Teipeann ar an gcultúr measctha féin má sháraíonn cultúr amháin ar an gceann eile is go gcuireann bearna na difríochta eatarthu ar ceal. Ní in Éirinn amháin atá na ceisteanna crosta seo á bplé. Tá drochamhras ag an scoláire Filipíneach E. San Juan Jr ar an rud go dtugann sé 'this ideology of postmodern chic versatility' air:

> ... essentialism has given way to the cult of the hybrid and heterogenous, the indeterminate and fragmented – in short, the decentred subject ... in this disaggregated context, should we Filipinos then make a virtue of the neo-colonial predicament, celebrating our syncretic identities as our avant-garde sublime? ... there is something intriguing in the characteristic gesture of postcolonized intellectuals embracing their schizoid fate as a virtue or at least a springboard for future amphibious quests. (1998: 71)

Is í an phríomhcheist atá le cur, dar leis, ná conas a roinntear cumhacht idir na gnéithe éagsúla den gcultúr idir eatarthu nó den bhféiniúlacht mheasctha:

> 'Hybridity' is a term that one can choose or reject. But the central issue is: what is the actual alignment of power relations and political forces in which we find ourselves imbricated? (ibid.: 70)

Ní hionann glacadh leis mar sin gur cultúr measctha is ea cultúr na hÉireann is nach féidir linn an próiseas staire a thug an cros áirithe seo dúinn a scagadh agus roinnt na cumhachta i measc na ngnéithe éagsúla de a thabhairt chun solais.

Is é a bheidh á áiteamh anso agam ná go labhrann Séan Ó Ríordáin níos soiléire agus níos minicí ar na nithe seo ná formhór mór a chomhleacaithe i mBéarla ná i nGaeilge agus go bhfuil go leor le foghlaim againn mar gheall ar chros-shíolrú an chultúir in Éirinn óna shaothar.

≈

Ar an gcéad fhéachaint, is sampla an-mhaith é an Ríordánach den tslí go gcuireann traidisiún socair údarásach laincis ar shamhlaíocht an duine aonair. Nuair a thosnaigh sé ar a dhialann i 1940, bhí sé fós ag glacadh le teagasc an Athar Peadar a thug 'rabhadh do sgríobhnoirí Gaedhilge gan a bheith ag cumadh Gaedhilge as a ngustal féin . . . go raibh an Ghaedhilg maith go leór mar a bhí sí agus ná féadfaidís ach díoghbháil a dhéanamh dá mbeidís ag craobhsgaoileadh Gaedhilge dá ndéantús féin' (Ó Ríordáin 2000: 88). Bhí peaca ar a choinsias féin, a dúirt sé, mar go raibh aitheanta an Athar Peadar sáraithe aige. An uair sin, ba ghalar é an Béarla a raibh súil aige leigheas a fháil air: 'Más féidir liom buadhachtaint ar an eitinn agus mo shláinte d'fhagháil thar n-ais is féidir liom buadhachtaint ar an mBéarla – eitinn na Gaedhilge – agus an Ghaedhilge do shlánú arís!' (ibid.: 104). Tríocha bliain níos moille, bhí a mhalairt de phort aige is é fós ag iomrascáil le scáil Dhónaill Uí Chorcora a dúirt leis 'gan aon líne a scríobh ná beadh bunaithe ar líne as an seanfhilíocht. Ach cad tá le déanamh nuair a bhíonn nithe lasmuigh den traidisiún dulta i nduine – nuair a bhíonn an duine níos fairsinge ná an traidisiún? (Gan dabht bíonn sé níos cúinge leis.) Tá sé ceart go leor fanúint laistigh de thuiscint na Gaeilge ach rud eile is ea cuid díot féin a fhágaint as an áireamh. Ní foláir an dúchas d'fhairsingiú dá dhainsearaí é' (luaite ag Ó Coileáin 1982: 210).

Ar an gceirnín a d'eisigh Gael Linn in 1969, labhair an Ríordánach ar an tslí gur choinnigh údarás an traidisiúin ina thost é agus é i dtús a ghreise:

Ní ionam a bhí faic ach sa traidisiún. Is ann a bhí an uile ní. Bhíos múchta aige. Ansin, go hobann, chaitheas uaim é in ainm an diabhail agus fuaireas, láithreach, rud nach raibh aon tsúil agam leis, fuaireas cead cainte. Is gearr go dtáinig fonn orm éalú ón gcead cainte agus éalú uaim féin agus filleadh ar an traidisiún. Is mar sin a bhíonn an duine; anonn is anall ag leanúint a phearsantacht féin, scaitheamh, agus scaitheamh eile ag leanúint an traidisiúin. Pé ceann a leanann sé bíonn an ceann eile á thionlacan chomh maith. Sé tionlacan na n-óinseach é. (Ó Ríordáin 1975: 72-3)

Leis sin, tagaimid ar cheann de na gnéithe is ríordánúla ar fad i saothar an Ríordánaigh trí chéile, an claonadh atá ann a bheith guagach, idir dhá chomhairle, anonn is anall idir na contrár-thachtaí a bhaineann lena nádúr féin agus nádúr an tsaoil mórthimpeall air is nach féidir a thabhairt chun réitigh. Mar a chífimid ar ball, tá tábhacht an-mhór leis an ngné seo dá chuid scríbhneoireachta sa díospóireacht atá ar siúl againn faoi láthair mar gheall ar chros-shíolrú an chultúir in Éirinn.

❧

Is dócha gur in *Eireaball Spideoige* (1952) is láidre a thug Ó Ríordáin cead cainte don gcuid sin dá shamhlaíocht nárbh fhéidir a thabhairt faoi chuing an traidisiúin, dar leis. Ceann de na rudaí is suaithinsí fén díospóireacht a lean foilsiú an leabhair ná gur glacadh leis den gcuid is mó ar an dá thaobh den argóint go raibh a leithéid de rud ann agus ceart na Gaeilge agus gur cheart glacadh leis sin. Má bhí easpa máistríochta ar an dteangain agus *pseudo*-Ghaeilge á gcasadh leis ó thaobh amháin, bhí a lucht leanúna ar an dtaobh eile á áiteamh chomh daingean céanna ná raibh ceart na Gaeilge sáraithe dáiríre aige ach i gcúpla mionrud nár dheacair a cheartú ar ball. Ba bheag duine a bhí sásta a rá go raibh sé de cheart ag an Ríordánach a bheith mícheart má bhí a chuid Gaeilge briste ríordánúil ag freastal ar riachtanais na filíochta aige. In *Ulysses* Joyce deir Stephen Dedalus gur siombail d'ealaín na hÉireann é 'the cracked looking-glass of a servant' (Joyce 1922:

22). I gcás an Ríordánaigh, d'fhéadfaí a rá gur oir scáthán briste a chuid Gaeilge féin dó, gur caint bhriste a bhí ag teastáil chun a shamhlaíocht scoilte féin agus an cultúr breac as ar fáisceadh é a chur in iúl.

Más in *Eireaball Spideoige* is mó a thug an Ríordánach scóip dá theanga chrosta féin, is in *Brosna* (1964) is fearr a d'éirigh leis cothromaíocht shealadach a aimsiú idir caighdeán na Gaeilge mar a bhí sí á labhairt i nGaeltacht Chorca Dhuibhne agus caighdeán pearsanta a aigne féin. Is ann, leis, is mó a thugann sé aghaidh ar fhadhb an dá theanga agus a gcaidreamh míshocair le chéile. Ar shlí, d'fhéadfaí a áiteamh gurb iad na trí dhán a dhíríonn ar chúrsaí teangan na hinsí ar a gcasann an leabhar, go bhfuil a struchtúr bunaithe ar an bhforbairt a thagann ar théama na teangan sna dánta san. In 'A Ghaeilge Im Pheannsa' is leanbh neamh-dhlisteanach í a chuid Gaeilge féin, ábhar peaca nach bhfuil fios a sinsir ná a ginealaigh féin aici, atá ag brath ar striapach fhlaithiúil an Bhéarla chun í a chothú. Tá an Béarla fós fial lena cuid in 'A Theanga Seo Leath-Liom' ach ní mian leis an bhfile bheith ag freastal ar dhá mháistreás níos mó. Beartaíonn sé ar an striapach fhial a thréigint ar mhaithe leis an nGaeilge:

Ní mór dúinn dul in aice leat
Go sloigfí sinn ionat
Nó goidfear uainn do thearmann,
Is goidfear uaitse sinn.

Ní mheileann riamh leath-aigne,
Caithfeam dul ionat;
Cé nach bog féd chuid a bhraithim tú,
A theanga seo leath-liom. (B 25)

Tá íomháineachas an dáin an-mheasctha; úsáidtear friotal spioradálta ar thaobh amháin – tearmann is ea an Ghaeilge – agus friotal gnéasúil ar an dtaobh eile atá ag bordáil ar bhanéigean – rachaidh sé inti dá hainneoin ba dhóigh leat. Má tá an ghné sin den dán á léamh i gceart agam, ní chun a leasa féin ná chun leasa na Gaeilge a gcaidreamh: éigneofar an teanga agus cuirfear é féin ar ceal. Tá macalla den íomháineachas measctha seo le brath arís san aiste 'Teangacha Príobháideacha' a foilsíodh ar dtúis in 1963, bliain díreach sular chuaigh *Brosna* i gcló. Deir sé ansan go gcuireann teangacha príobháideacha na litríochta 'strus nua ar theanga na muintire' ach gur fairsingiú iad ar an teanga dar díobh iad 'cé gur minic léirmheastóirí ar a dtóir, thar ceann an phobail, ar mhaithe le maighdeanas na bunteangan' (Ó Ríordáin 1979: 14).

Fén am go dtagaimid go dtí an dán deireanach sa leabhar 'Fill Arís', tá tearmann na maighdine aimsithe aige, dar leis, i measc 'p[h]obal neamhphollta' (Ó Ríordáin 1978: 163) Dhún Chaoin é á áiteamh gur féidir trí chéad go leith bliain de chultúr measctha a chur ar ceal ach an Béarla a thréigint agus filleadh ar Éirinn mar a bhí roimh Chath Chionn tSáile, mar atá fós i nGaeltacht Dhún Chaoin. Tá níos mó ná an Béarla á thréigint sa dán álainn seo; nuair a d'oscail an Ríordánach doras Dhún Chaoin, tá an chuma air gur dhún sé doras na filíochta ann féin. In agallamh le Seán Ó Mórdha cúpla mí sular cailleadh é, d'admhaigh sé go raibh sé 'ag cothú na Gaeilge' ó aimsir *Eireaball Spideoige* ar aghaidh agus go raibh níos mó inspioráide aige nuair a bhí sé ag obair ar an gcéad leabhar (ibid.: 174). Sa mhéid is gur as samhlaíocht bhriste, mheasctha a bhí ar scaradh gabhail ón tús idir dhá theanga, dhá chultúr, dhá aigne dhifriúla, b'ionann agus bás na hinspioráide dó beatha shíoraí an phobail aontaithe aonteangaigh a bhí aimsithe aige, dar leis féin, i nDún Chaoin.

Taispeánann filíocht an Ríordánaigh mar sin a dheacracht atá sé cothromaíocht shásúil a aimsiú idir dhá leathaigne, idir teanga phríobháideach na samhlaíochta agus teanga an phobail, idir údarás an traidisiúin agus an mianach treascartach sa bhfile aonair, idir Béarla agus Gaeilge. Tá a ghuth filíochta ag brath ar an teannas cruthaitheach idir an dá ghné dá shamhlaíocht agus dá chúlra agus iad i ngleic. In *Eireaball Spideoige* d'fhéadfaí a rá go bhfuil an lámh in uachtar ag an nguth príobháideach agus gurb í an éagothromaíocht teangan a lean é sin a tharraing fíoch na léirmheastóirí. In *Brosna* tá an teanga phríobháideach agus an teanga phoiblí ag freastal ar a chéile is tá údarás an traidisiúin agus na teanga beo le brath i nglór sainiúil an Ríordánaigh. Ina dhiaidh sin, áfach, teipeann ar an gcothromaíocht agus braitear an teanga phríobháideach ag géilleadh arís don teanga phobail. In *Línte Liombó* (1971) agus *Tar Éis mo Bháis* (1978) tá guth príobháideach an Ríordánaigh ag tréigint de réir a chéile agus an fhilíocht féin ag crapadh is ag cúngú dá réir. Sa tslí dhuit má léiríonn filíocht an Ríordánaigh aigne scoilte na hÉireann agus an toradh cruthaitheach a bhíonn ar chros-shíolrú an dá theanga, léiríonn sí chomh maith an trioblóid mhór a bhaineann le cothromaíocht chruthaitheach a choimeád fén gcaidreamh idir an dá thaobh dár gcultúr briste.

≈

Tríd is tríd, is crá croí seachas ábhar ceiliúrtha é don Ríordánach an scoilt chultúrtha as ar fáisceadh a shamhlaíocht mheasctha. Má thaispeánann an fhilíocht dúinn an tslí gur theip ar an teannas cruthaitheach idir an dá thaobh chontrártha dá nádúr idir eatarthu, léiríonn a chuid próis tuiscint íogair ar phróiseas an chros-shíolraithe. Má ba mhinic é ag magadh fé Bhéarla briste a chomharsan féin – 'Mattie is came . . .'; ''Twill be mad warm. Will I bring in the wather now . . .'; 'He marrid Cissy and they are doing fierce bishness . . .' (Ó Coileáin 1982: 191, 209) – thuig sé go maith an stair choilíneach a thug ar Éirinn na Gaeilge máistreacht ar theanga amháin a thabhairt uaithi ar mhaithe le leagan suarach de theanga eile:

> Níl dlí le riachtanas. Chaitheadar a dhéanamh. Chaitheadar labhairt suarach i measc daoine d'ainneoinn friotal uasal a bheith ar a gcumas. Thógadar a gclann balbh mar mhaithe le bheith beo. Cuimhnigh ar an oidhreacht a cheileadar orthu. Níorbh oiriúnú go dtí é. Thugadar na cosa leo ach arbh fhiú é? Níorbh aon iontas é dá mbeadh coimpléasc ísleachta acusan agus againne. (*Irish Times*: 16 Meán Fómhair 1972)

Meabhraíonn sé dúinn sa mhéid sin míroinnt na cumhachta atá laistiar de chanúint Bhéarla na hÉireann, nó leaganacha áirithe den gcanúint sin. Ar an dtaobh eile de, tuigeann sé gur bochtú ar an nGaeilge féin mar atá sí á labhairt sa Ghaeltacht is ea gan aon teangmháil a bheith aici, dar leis, le haon ní lasmuigh di féin. 'Tá an Ghaeltacht ina stad,' ar seisean ina dhialann:

> Tá sí reoite. Tá an Boyg .i. Gleann na nGealt, idir í agus an saol mór. Fágann san teanntaithe í gan scóp, gan fairsingiú, gan teacht aici ar sprid na haimsire. Ní hamháin go bhfuil na daoine teanntaithe ach tá a dteanga teanntaithe chomh maith. Má chloistear aidiacht ag tionlacan ainme sa Ghaeltacht bí cinnte go bhfuil an aidiacht san ag tionlacan na hainme sin le céad éigin blian. Níl aon chaidreamh aici le teangacha ná le smaointe lasmuigh, ná níl le hithe aici ach í féin. (luaite ag Ó Coileáin 1982: 192)

Is as caidreamh agus cros-shíolrú mar sin a thagann bláthú ar theangacha ach mura bhfuil sa chaidreamh san ach an lag ag géilleadh don láidir, ní bheidh fanta ach caint bhriotach a fhógraíonn íslcacht an té a labhrann. Mar sin féin, admhaíonn sé in áit eile sa dialann go bhfuil a gradam féin ag an gcanúint Bhéarla atá á labhairt mórthimpeall air ag muintir na tuaithe:

Tá uair an chloig caite agam ag caint le garsún des na comharsain
– scaothaire fada, fiain. Béarla briste na háite seo á labhairt aige
ach Béarla talmhaí go bhfuil boladh na cré uaidh. Do cuireadh ar
mo shúile dhom chomh bocht, lag agus atá m'aigne féin agus mo
theanga de dheascaibh laighead mo theangbhála le daoine. Bhí a
chaint seo ag brúchtaíl le daonnacht. Scéalta ar mhuintir na háite
seo a bhí á reic aige agus go deimhin pé áit go mbíonn daoine,
bíonn scéalta agus daonnacht. Níl ionamsa ach mangaire leabhar
– deighilte ó dhaoine. (luaite ag Nic Ghearailt 1988: 85)

Tá daonnacht ag roinnt le Béarla briste a chomharsan mar go
bhfuil pobal taobh thiar de, rud nach bhfuil aige féin i nGaeilge ná
i mBéarla. Is ionraice Béarla Inis Cara, ba dhóigh leat, ná an
Ghaeilge a fuair sé féin ón leabharlann. Ní féidir le teanga
phríobháideach an fhile í féin a chothú ach oiread agus is féidir le
Gaeilge na Gaeltachta gan teangmháil le nithe lasmuigh di féin.

In áit eile, labhrann sé le seanbhlas ar 'Bhéarla crochta snoite
giorraisc clangósaithe nó ocsfordaithe nó céimbridsithe Chorcaí'
an saghas Béarla a labhrann an dream a théann go dtí an Oyster
Tavern, daoine go mbíonn '*yacht* le léamh ar a dtreabhsar', nach
gcuirfeadh aon ní isteach orthu 'ach b'fhéidir siúicre i gcaifí' (luaite
ag Ó Coileáin 1982: 312). Tar éis na tarcaisne go léir, tá sé le brath
orthusan chomh maith go bhfuil a gcuid cainte ag teacht lena
nádúr féin; más cur i gcéill a gcuid cainte galánta, sin é a oireann
dá ndúchas cur-i-gcéilliúil. Is é a chruachás féin nach bhfuil ar a
chumas teacht ar raon teangan, dar leis, a bheadh lánoiriúnach ar
gach cor dá nádúr guagach measctha féin a chur in iúl go cruinn
agus go macánta, i mBéarla ná i nGaeilge:

I continue to pass the evening in the unavoidable presence of
myself. I watch wet shrubs through the window and a wet
asbestos roof. My mind is empty. It darts after interruptions. A car
horn blew. My mind became horned. Cé acu is measa, mo chuid

Gaeilge nó mo chuid Béarla? Ná tuigtear dúinn uaireanta gur míne agus gur cruinne an Béarla – gur galáinte an Béarla. Ach léigh píosa dea-Ghaeilge agus is folamh leat an Béarla. (ibid.: 313)

≈

Níor mhiste a mheabhrú ag an bpointe seo, b'fhéidir, gurb é bunbhrí an fhocail 'hybrid' sa Bhéarla ná 'a thing derived from heterogenous sources or composed of incongruous elements' agus gurb é is brí le 'incongruous' de réir foclóir Béarla Oxford ná 'violating the rules of concord; incorrect . . . not appropriate; unsuitable, out of place, absurd' (OED. 1993: 1285,1340) Rud ait, mícheart, is ea an cros, rud mí-oiriúnach, amaideach, as áit. Agus, fós, tuigtear don Ríordánach go bhfuil daonnacht agus draíocht ag roinnt leis an aiteas sin i gcaint bhriste an gharsúin tuaithe agus i mBéarla frith-Ghaeilge na scríbhneoirí Angla-Éireannacha nuair nach bhfuil in aiteas na Gaeilge aige féin, dar leis, ach rud bocht míchumtha:

Is mó de dhraíocht atá ag baint le Béarla frith-Ghaeilge ná le Béarla atá díreach ina Bhéarla nó Gaeilge atá díreach ina Gaeilge . . . sin é a thug doimhneas do leithéid Joyce – an teanga a bhí séanta acu a bheith ar chúlaibh a gcuid focal. Dhein san a mBéarla débhríoch, frithbhríoch. Bhí níos mó á rá acu ná bhí siad a rá . . . is saibhre frithchultúr ná díreach cultúr. Níor oibrigh an draíocht seo droim ar ais. San áit a raibh rian an Bhéarla ar an nGaeilge ní raibh an Ghaeilge os cionn a cumais. DrochGhaeilge ab ea í – rud ciotach, ní draíochtúil. (luaite ag Ó Cadhla 1998: 136-7)

Mar sin féin, creideann sé i gcónaí nach mór don scríbhneoir dul in aghaidh an tsrutha, bheith cúl-le-cine, fiú, chun a shamhlaíocht a scaoileadh ó ghreim an dúchais gur tearmann agus géibheann i dteannta a chéile é: 'údar ionspioráide is ea feall – go h-áirithe ar do thigh agus do threabh. Fuascailt ó cheangal is ea é agus cabhair mhór don scríbhneoir' (ibid.: 137).

Leis sin, aithníonn sé arís go bhfuil foinse na hinspioráide ann féin nasctha le haiteas fealltach a chuid Gaeilge, teanga phríobháideach atá frithbhríoch, as alt le caighdeán na staire, an traidisiúin, agus an phobail. Tá an cheist chéanna á plé aige ina aiste cháiliúil ar na teangacha príobháideacha:

> Conus is féidir an drochGhaeilge a aithint ón dteanga phríobháideach nuair a bheidh siad araon ait? Níl de fhreagra air sin ach nach teangacha neamhspleácha iad na teangacha príobháideacha – go gcaithfidh siad géilleadh do chaptaenaíocht na bunteanga. Is baolach go mbíonn gach re babhta ag an droch-Ghaeilge fé chaptaenaíocht an Bhéarla agus fé chaptaenaíocht na Gaeilge agus uaireanta ní ghéilleann sí d'údarás ar bith. De ghnáth níor mhór don scríbhneoir máistríocht a bheith aige ar theanga sara mbeadh ar a chumas teanga phríobháideach a chumadh aisti mar braitheann aiteacht na teangan príobháidí ar neamhaiteacht na bunteangan. (Ó Ríordáin 1979: 19)

Agus sin í an áit a dteipeann ar an nGaeilge ar deireadh. As teannas dearfach idir caighdeán na bunteanga agus frith-chaighdeán na teanga príobháidí a thagann an ghné chruthaitheach den teanga sa litríocht agus sa ghnáthchaint. Dá aiteacht é Béarla Joyce, Synge agus a gcomhleacaithe, tá caighdeán an Bhéarla atá á chur as a riocht acu socair, neamhait, údarásach. Is féidir leis an mBéarla cros-shíolrú leis an nGaeilge gan puinn dochair dó féin agus bláthú. I gcás na Gaeilge, ní féidir léi captaenaíocht a sholáthar má tá a caighdeáin féin teipthe agus a héagsúlacht ag tréigint faoi shíorbhrú an Bhéarla. 'Botúinis' is toradh air sin, an saghas friotail a chleachtann léitheoirí nuachta RTÉ: 'Gaeilge mhartraithe, mhícheart, iomraill . . . teanga nua ainrialta ná fuil fé chaptaenaíocht aon phobail . . . teanga ná fuil a leithéid ann' (*Irish Times*. 7 Deireadh Fómhair 1970)

Ceann de na comharthaí is soiléire atá againn ar ionracas an Ríordánaigh mar scríbhneoir is ea go dtugann sé aghaidh arís agus arís eile ar na contrárthachtaí nach féidir a réiteach ina nádúr guagach féin agus sa tsaol mórthimpeall air. Ní hamháin go mbréagnaíonn sé é féin ó dhán go dán, ó alt go halt, is ó leathanach go leathanach den dialann, tá na contrárthachtaí neamhréitithe soiléir laistigh den aon phíosa scríbhneoireachta amháin go minic. Is as síorghluaiseacht anonn is anall a eascraíonn an chuid is fearr dá shaothar filíochta agus próis, agus is í an dinimic chruth-aitheach chéanna a chuireann fuinneamh i bpróiseas an chros-shíolraithe chultúir agus teangan. Ní féidir bheith mírialta mura bhfuil aon riail ann; ní féidir bheith 'frith' mura bhfuil seasamh éigin fén rud a bhfuiltear ag cur ina choinnibh. Má theipeann ar an teannas idir ceart agus mícheart, idir aiteacht agus neamhaiteacht, caighdeán agus canúint, Béarla agus Gaeilge, teipeann ar an dinimic a choiméadann cultúr measctha ag forbairt is ag bláthú.

Más é cros-shíolrú an dá chultúr agus an dá theanga a dhein scríbhneoir suaithinseach de Sheán Ó Ríordáin, tugann a shaothar fianaise shoiléir ar na fadhbanna a eascraíonn as cros-shíolrú na Gaeilge agus an Bhéarla. Ar an gcuid is lú de, meabhraíonn sé dúinn gur ábhar imní chomh maith le hábhar ceiliúrtha é an teannas idirchultúrtha a thug guth dó féin.

'Fiabhras na filíochta' – aistear an Ríordánaigh tríd an iris *Comhar*

LIAM MAC AMHLAIGH

Is iomaí duine a thug faoi thuiscint iomlán a fháil ar fhilíocht Sheáin Uí Ríordáin, idir lucht léinn agus lucht litríochta. Bíonn dearcadh ar leith ag gach léitheoir filíochta. Tá dearcadh pearsanta agam gur deacair, agus geall le bheith dodhéanta, fíorbhrí a bhaint as aon rud a eascraíonn ó intinn atá faoi ghalar; gurb ionann an fiabhras atá i bhfilíocht an Ríordánaigh agus bac ar na léirmheastóirí inár measc ar rud ar bith seachas breacthuiscint a fháil ar a staid nuair a cruthaíodh a shaothar. Sa pháipéar seo níl i gceist ach cuid de na smaointe a roinn léirmheastóirí eile ar leathanaigh na hirise *Comhar* thar na blianta a phlé agus a chíoradh. Ar ndóigh, scríobhadh cuid mhaith maidir le saol agus le hiriseoireacht Uí Ríordáin ar na leathanaigh chéanna in *Comhar* ach fágfar faoi dhaoine eile iniúchadh a dhéanamh ar an méid sin.

Ag Léachtaí Cholm Cille sa bhliain 1998 thug Máiréad Ní Chinnéide caint a bhain le stair *Comhar* ó 1942 go 1992 a bhí ag díriú ar a oiriúnaí agus a bhí an iris le slat tomhais a chur ar fáil do shaol agus do chultúr na hÉireann sa tréimhse sin. Léirigh sí cé chomh héifeachtach is a bhí an iris mar léiriú ar shaol a linne.

Bíodh is gur tugadh agus go dtugtar fós an-aird ar chúrsaí reatha san iris, bhí roinnt aidhmeanna éagsúla ag an iris, gan aon cheann a bheith níos lárnaí ná 'ardán liteartha [ar chur ar fáil] do chách go mórmhor scríbhneoirí óga' (Ní Chinnéide 1998: 75). Is mithid cuimhneamh air sin le spreagadh a chur ar fáil do scríbhneoirí óga eile sna blianta romhainn.

In aiste a scríobh Tomás Ó Floinn sa leabhar *An Comhchaidreamh. Crann a Chraobhaigh* sa bhliain 1985 thug sé cur síos an-mhaith ar ról na léirmheastóireachta in *Comhar*. Bhí an dearcadh aige gur bheag an léirmheastóireacht i nGaeilge a deineadh ar nualitríocht na Gaeilge sular tháinig *Comhar* ar an saol agus gur dhírigh léirmheastóireacht i nGaeilge ar fhilíocht sa seachtú agus ochtú haois déag go háirithe (Ó Floinn 1985: 55). Go bunúsach, ní raibh mórán le léirmheas a dhéanamh air; má fhágtar saothar Shean-Phádraic Uí Chonaire agus Phádraig Mhic Phiarais as an áireamh, ní mórán a d'fhéadfaí a áireamh mar litríocht nó arbh fhiú léirmheas a dhéanamh air. Saolaíodh *Comhar* ag am a raibh na scríbhneoirí nua cruthaitheacha ag teacht faoi bhláth sna daichidí. Ba san iris sin a foilsíodh céadiarrachtaí scríbhneoireachta Sheáin Uí Ríordáin, mar aon leis an Direánach, Máire Mhac an tSaoi agus Máirtín Ó Cadhain. Dá bhrí sin b'áit chiallmhar a bhí san iris le machnamh a dhéanamh ar fhiúntas an tsaothair a bhí á chruthú ag an Ríordánach.

Na hailt

Tosóidh mé le halt a scríobh Ó Floinn féin, 'Filíocht Sheáin Uí Ríordáin', in *Comhar* ní rófhada tar éis don bhailiúchán *Eireaball Spideoige* a bheith foilsithe (Ó Floinn 1953: 5).

Alt ceisteach a scríobh Ó Floinn agus ba cheist phráinneach na meadarachta ba chúis leis an gcrá croí a chruthaigh an Ríordánach dó agus é ag scríobh in *Comhar*. Ar dtús, molann sé nár cheart tábhacht an Ríordánaigh a chur i gcomparáid le tábhacht Yeats mar scríbhneoir. Ansin, bíodh is go n-admhaíonn sé go raibh an mheadaracht ina fhadhb aige agus go raibh a chuid Gaeilge lag, tugann sé le fios nach raibh mórán tábhachta lena leithéid. Ar seisean: 'Tá sé míréasúnta a bheith ag éileamh ar dhuine nach cainteoir ó dhúchas é filíocht a scríobh mar a scríobhadh cainteoir dúchais í' (Ó Floinn 1953: 5).

Míníonn sé go han-éifeachtach ina phíosa an bhearna a bhí á líonadh ag an Ríordánach, an t-easnamh de dhá chéad bliain gan aon fhilíocht d'fhiúntas ar féidir comparáid a dhéanamh léi, agus nach ceart breithiúnas a thabhairt ar an bhfilíocht de réir rialacha na filíochta ón seachtú nó ón ochtú haois déag (Ó Floinn 1953: 5). Ba í filíocht an Ríordánaigh a leag amach agus a chruthaigh na rialacha agus na múnlaí dóibh siúd a lean é sa ghearrthéarma. Meabhraíonn sé gur úsáid Ó Ríordáin aiceann cainte Gaeilge na Mumhan ina chuid dánta agus iarrann sé ar an léitheoir cúis a lorg chun dul ag fiosrú an raibh sé ag cloí le rialacha meadarachta. Tugann sé freagra éigin ar a cheist féin nuair a luann sé gur faoi thionchar meadarachtaí aiceanta Béarla a bhí sé ag scríobh (Ó Floinn 1953: 5).

Tugann sé suntas don réamhrá a scríobh an Ríordánach le *Eireaball Spideoige*, ag nochtadh na ndeacrachtaí a bhaineann le hiomarca béime a chur ar léamh an phíosa sin ach ag an am céanna ag míniú a úsáidí is atá a leithéid le tuiscint sa bhreis a fháil ar an scríbhneoireacht. N'fheadar an bhfuil a leithéid de ráiteas contrártha ar shlí?

Ba é a bharúil ná go raibh dhá mhórthéama i bhfilíocht an Ríordánaigh. Ar seisean: 'An chéad cheann: il-láithreacht an pheaca agus an ciapadh intinne a leanann é. An tarna rud: díth creideamh agus an fhuascailt éasca ó bhrú síorláithreach an pheaca mar cheangal ar shaoirse intinne an duine' (Ó Floinn 1953: 5).

Ansin luann sé go bhfuil an tríú gné ann: 'An fonn éalaithe, an fonn éagmaiseach a lorgaíonn an "óige chlúracánach", nuair nach raibh aon pheaca ar an saol – ná gá le creideamh' (Ó Floinn 1953: 6).

Ba léir go raibh a chuid ceisteanna féin aige ó thaobh an chreidimh de, agus bhain sé sásamh as an gceistiú creidimh a rinne Ó Ríordáin i dtosach báire sa chnuasach, bíodh is go raibh díomá air gur bhog an Ríordánach uaidh sin de dheasca tuirse, de réir an Fhloinnigh. Dhírigh sé an t-alt ar fad ar phointe a bhí le déanamh aige sa chuid dheiridh; an tslí a brúdh teagasc an chreidimh ar na glúnta sa tír seo.

In alt eile mí níos deireanaí san iris déanann Ó Floinn plé eile ar na meadarachtaí sna dánta. Bhí sé cheana féin tar éis a mheas gur ag aithris ar rithim an Bhéarla a bhí an Ríordánach ina chuid Gaeilge. Chreid sé dá mba d'aon ghnó a tharla seo gur éacht a bhí ann; ach más a mhalairt a bhí fíor, bhí fadhb ann (Ó Floinn 1953a: 5). Mar ba nós leis an bhFloinneach, cheistigh sé a chuid léithcoirí i gcónaí.

Thug an tAthair Seán Ó Cearbhalláin S.J. léirmheas spéisiúil san alt '"Oileán agus Oileán Eile"?', ar conas bunbhrí na filíochta ag file ar bith a thuiscint agus nach gá dúinn a bheith imníoch muna bhfuil sé indéanta a leithéid d'fhíorbhrí a bhaint amach ar deireadh. Déanann sé trácht ar na tionchair a bhí ar an Ríordánach ag scríbhneoirí Béarla mar Eliot agus Hopkins ach tugann sé foláireamh don léitheoir maidir lena cheapadh gurbh iad siúd amháin a bhí mar spreagadh ag an Ríordánach lena chuid filíochta a scríobh (Ó Cearbhalláin 1962: 17).

Molann Ó Cearbhalláin nuaíocht a chuid nathanna fileata i gcomparáid le gach rud a chuaigh roimhe. Admhaíonn sé go nglacann sé tamall dul i dtaithí ar chuid den fhriotal nuacheaptha ach gur oiriúnaí atá sé ná na slite níos sainfhaiseanta.

Déanann sé 'an phaidir' mar choincheap ag Ó Ríordáin a phlé

go mion sa phíosa agus tuairimíonn sé gur bunbhrí na beatha atá
i gceist sa phaidir agus go mbíonn bunbhrí ag gach duine atá beo
chomh maith le brí eile atá leagtha ar an duine ón tslí bheatha atá
acu sa saol. Tógann sé an dearcadh eaglasta air féin le míniú eile a
thabhairt nach mbeidh duine ar bith in ann a bhunphaidir a rá go
foirfe go dtí go bhfuil sé ar neamh. Más paidir bhréagach atá i
gceist, is ifreann atá i ndán duit (Ó Cearbhalláin 1962: 18).

Cuireann sé síos ar na bunphrionsabail a bhaineann le filíocht
Uí Ríordáin ag glacadh an tsampla ó theideal an dáin 'Oileán agus
Oileán Eile'. Deir sé:

> Tá dhá oileán i gcónaí ina shaothar. Sa chéad oileán is ea a chantar
> an phaidir mar is dual do chách. Is ann atá an fhírinne, cé gur
> rólom an fhírinne sin uaireanta. Cé go bhfuil cead siúil ag cách ar
> an oileán seo, is ar an oileán eile a shiúlann siad de rogha. Oileán
> an anama an chéad oileán; oileán an tsaoil an ceann eile. Oileán
> bréagach an dara ceann – oileán a chumann muid dúinn féin (Ó
> Cearbhalláin 1962: 21).

Bhí smaointe láidre ag Breandán Ó Doibhlin sa bhliain 1970
san alt 'Frank O'Brien agus Seán Ó Ríordáin' maidir leis an léamh
a rinne Frank O'Brien ar fhilíocht Uí Ríordáin ina leabhar *Filíocht
Ghaeilge na Linne Seo*. Tagraíonn sé don léirmheas a rinne Seán Ó
Tuama ar an leabhar sin a bhí in *Comhar* naoi mí nó mar sin
roimhe agus míshásamh ginearálta á lua aige faoin tslí a rinne
O'Brien anailís ar fhilíocht an Ríordánaigh sa leabhar (1970: 7).
Aiste theoiriciúil go leor atá ag an Doibhlineach a phléann conas
mar is ceart bunléirmheastóireacht a dhéanamh ar fhilíocht ar bith.
Luann sé gur léir gur mheas O'Brien go raibh 'barraíocht aird
tugtha ar Ó Ríordáin, gur róchlú a fuair sé as siocair a chuid
filíochta a bheith fealsúnta' (Ó Doibhlin 1970: 8).

Téann sé ar thóir Uí Bhriain toisc an leas a bhain sé as an

réamhrá a scríobh an Ríordánach in *Eireaball Spideoige* mar phointe tosaigh mínithe ar an saothar. Luann Ó Doibhlin gur 'dáinséarach an rud é a ghlacadh go n-eascraíonn filíocht ar bith as córas fealsúnta, fiú más é an file féin a chuireann chun tosaigh é' (1970: 8).

Molann sé go raibh sé de cheart ag an mBrianach tosú leis na dánta féin mar ábhar tagartha léirmheasa. Cuireann sé an milleán ar réamhléitheoireacht réamhrá O'Brien. As sin tháinig na téarmaí mí-oiriúnacha ar fad a d'úsáid sé chun cur síos a dhéanamh ar na dánta, dar leis. Nuair a d'éirigh leis a racht feirge a chur de, ghluais sé ar aghaidh píosa beag eile le haghaidh a thabhairt ar cén sórt filíochta in aon chor a bhí á cumadh ag an Ríordánach. Arsa an Doibhlineach:

Is é mo bharúil féin gur file é Seán Ó Ríordáin a raibh fadhbanna morálta agus creidimh aige mar théamaí. I dtús a shaothair, cé go mba iad an mhionchuid riamh iad. An choimhlint idir an duine agus an ainmhian chollaí agus an chumha i ndiaidh na neamhurchóideachta, tá siad le fáil in 'Oilithreacht fám Anam', 'Cnoc Melleri', 'Ualach na Beatha', 'Domhnach Cásca'. Ach scoith sé an chéim sin agus d'aimsigh foinse nua inspioráide (1970: 9).

Déanann sé an t-easnamh a shamhlaíonn sé i léamh Uí Bhriain a léiriú leis an dán 'An Peaca'. Bhí O'Brien tar éis cur síos a dhéanamh ar pheaca morálta a bhí in ainm is filíocht a mhilleadh ar an Ríordánach. Dar leis an Doibhlineach ba théarmaíocht a bhí san fhocal sin agus gurbh ionann é agus an bhearna a bhí idir réalachas oibiachtúil agus suibiachtúlacht an duine. Is dócha go raibh an-iarracht ar siúl ag Ó Doibhlin a léiriú nach féinchiapadh de dheasca drochghnímh a bhí ar siúl ag an Ríordánach ina chuid filíochta ar uairibh ach a mhíshásamh a léiriú maidir leis na laincisí atá ar aigne an duine dhaonna agus nach mbeidh a luach saothair le fáil go deo ar chruthaitheacht iomlán na hintinne (1970: 9).

Leagann an Doibhlineach an bhéim ar an tsamhlaíocht dhaonna agus ar Chríostúlacht an Ríordánaigh sa mhéid go bhfuil sé ag iarraidh a smaointe agus a mhothúcháin féin a mhíniú d'aon duine a léifidh ceann dá dhánta. Ní dóigh leis gur éirigh le O'Brien an bhrí cheart a bhaint amach. Ar seisean ag deireadh an phíosa: 'Ceapaim féin gur chaill O'Brien an aontacht agus an acmhainn atá san fhilíocht seo' (Ó Doibhlin 1970: 10). Molann sé don léitheoir ag an gcrích fanacht dílis do théacs na ndánta seachas aon réamhchlaonadh a bheith aige sula ndéanann sé iarracht dán ar bith a thuiscint.

Tugann Gearóid Denvir eiseamláir de ghnáthshuíomh an duine mar a shamhlaíonn sé é ó chanóin an Ríordánaigh san alt 'Rian na gcos sa láib: bunthéama i bhfilíocht Sheáin Uí Ríordáin' (alt a athfhoilsíodh in *Irisleabhar Mhá Nuad* 1996–7 in ómós an Doibhlinigh).

Luann sé duine a bheith faoi ghlas i seomra sa dorchadas agus an oíche ann lasmuigh agus stoirm ag rásaíocht ina thimpeall. Glacann sé na dánta 'Sos' agus 'An Dillettante' mar shamplaí tagartha don stoirm chéanna agus duine a bheith báite aici (Denvir 1988: 25). Tugann sé míniú ar an stoirm sin le tagairt don tinneas, agus an saol mar 'aonarán' atá ag teacht aniar aduaidh ar Ó Ríordáin. Dealraítear do Denvir 'gur príosún uaigneach de shaol' a bhí ann. Ar seisean: 'D'fhás filíocht Uí Ríordáin as an uaigneas cráite damanta céanna sin agus níl sa stoirm úd atá ar fud na mball inti ach pictiúr, nó íomhá choncréadach leis an uaigneas sin a chur in iúl go láidir éifeachtach' (Denvir 1988: 26).

Measann Denvir gur ag scríobh na filíochta atá an Ríordánach le solas éigin a thabhairt isteach sa dorchadas seo. Is maith an pointe a dhéanann sé, is é sin, aon fhreagra ar éirigh leis an Ríordánach a bhaint amach, thosaigh sé á cheistiú. Síleann sé nach nglacfadh sé le réiteach ar bith ó fhoinse seachtrach; gur uaidh féin

amháin a thiocfadh na freagraí. Luann sé agus é ag tagairt don dá
líne dheireanacha as an dán 'Fan!' as *Eireaball Spideoige*: 'Agus sin
scéal an duine ag Seán Ó Ríordáin, an mise ceart as baile agus tóir
nó cuartú de shíor air' (Denvir 1988: 26).

Is deacair a rá an bhfuil an ceart iomlán aige leis an tuairim sin:
go bhfuair Ó Ríordáin faoiseamh san fhilíocht. Is cinnte gur
choimeád scríobh na filíochta a éirim aigne dírithe a fhad is a bhí
sé breoite. Tá argóint ann nach bhfuair sé réiteach trína chuid
filíochta a scríobh ach gur chruthaigh an fhilíocht sin tuilleadh
féincheistithe, nó féincheistiú éagsúil agus nua ina aigne féin.
Chuidigh nithe áirithe níos túisce leis ná buncheapadóireacht na
filíochta, abair, tréimhsí á gcaitheamh aige i nDún Chaoin nó
nuair a bhí faoiseamh aige sa bhliain 1965 ón obair i gcathair
Chorcaí leis an mBardas nó nuair a bhí sé in ann an Ghaeilge a
phlé le mic léinn óga san ollscoil i gCorcaigh ag deireadh na
seascaidí. Líon na focail bearna dó ach níl sé cinnte an é sin an sos
a bhí á lorg aige *per se* óna chuid buarthaí nó an é gur tharraing an
scríbhneoireacht ábhair eile anuas le ceistiú a dhéanamh orthu.

Mhínigh Alan Harrison san alt 'An Aigne Neamhscríte –
mionchritic ar "Tost"' gur chuir sé aithne ar dhánta an
Ríordánaigh nuair a iarradh air léirmheas a scríobh ar a dhara
cnuasach, *Brosna*, a foilsíodh sa bhliain 1964 (1986: 25). Phléigh
sé an dán 'Tost' ina alt in *Comhar*, dán réasúnta gairid ach ceann
réasúnta láidir. Luann sé gur míniú a bhí in 'Tost' ar an gciúnas
filíochta a mhair beagnach dhá bhliain déag ón uair a foilsíodh
Eireaball Spideoige (agus cuid mhaith ionsaithe déanta ar an
gcnuasach sin agus ar an Ríordánach mothálach). Aontaíonn sé le
Seán Ó Coileáin go raibh an dara cúis i gceist leis an 'tost' sa tslí
is nach raibh breoiteacht an Ríordánaigh chomh dian sin air sna
caogaidí agus nach raibh sé faoi léigear an tinnis chun tí an oiread
sin agus a bhíodh. Agus é ag tagairt don chéad dá líne sa dán sin,

'Is fada mise amuigh, / is fada mé i mo thost', deir sé: 'Féadfaimid gníomh na ceapadóireachta a shamhlú. An file ag rá leis féin "tá ag teip ar an inspioráid; ní féidir liom fáil isteach sa chuid sin dem intinn a spreagann an fhilíocht, táim 'amuigh'. Is fada mise amuigh"' (Harrison 1986: 25).

Míníonn Harrison go luann an Ríordánach go bhfuil eochair don chuid sin dá intinn caillte aige. Piocann sé an íomhá chéanna den stoirm as an bhfocal 'gaoth', a phioc Gearóid Denvir ina alt féin, le béim a chur ar an gcíor thuathail a bhí ina shaol. Taitníonn an tslí a mhínigh Ó Ríordáin go raibh tuilleadh ina aigne le scríobh aige le Harrison. Deir sé:

> Tuigtear dó go bhfuil farasbarr 'neamhscríte' ina aigne. Is iontach an focal é farasbarr anseo – cuireann sé an chaoi ina raibh an fhilíocht ag dul thar maoil sular foilsíodh *Eireaball Spideoige* i gcuimhne dom freisin; an meas agus an cion a bhí aige ar a 'chlann véarsaí' (Harrison 1986: 26).

Cuireann sé sásamh ar Harrison an leas a bhaineann an Ríordánach as na focail 'taoide' agus 'an mhuir' chun gluaiseachtaí síoraí na farraige a ionannú le hinspioráid. Éiríonn le Harrison brí an-dearfach a bhaint amach as an dán ag deireadh an phíosa, ag teacht as tréimhse socair suaimhneach i mbeatha an fhile (1986: 26). Bíodh is gur alt gairid atá i gceist anseo tá an-láimhseáil beacht beoga ar dhán amháin déanta ag Harrison.

Scríobhadh níos mó ná léirmheas amháin ar an dán 'Adhlacadh Mo Mháthar'. Bhí alt ag Brian Ó Gormlaigh sa bhliain 1982, 'Adhlacadh Mo Mháthar', a dhéanann scagadh ar an dán féin líne ar líne agus a thugann le fios gurbh iad na paradacsanna agus na codarsnachtaí Ríordánúla a thugann stádas ar leith dó mar dhán (Ó Gormlaigh 1982: 29). Ansin, tamall de bhlianta ina dhiaidh sin, déanann Liam Ó Dochartaigh iarracht san alt "'Adhlacadh

Mo Mháthar" – dhá léamh faoi anáil an Bhéaloidis' míniú a thabhairt ar a thábhachtaí is a bhí an spideog sa dán. Luann Ó Dochartaigh ina alt siúd gur chinntigh deirfiúr an fhile, Bríd, gur tháinig an spideog ar an láthair agus a máthair á hadhlacadh. Agus é ag labhairt le cuid de mhuintir Bhaile Bhuirne (bíodh is gur adhlacadh in Inis Cara í), dúirt duine amháin le Ó Dochartaigh go raibh an spideog beannaithe (Ó Dochartaigh 1987: 20).

Agus é ag tagairt don líne 'ba mhaith liom breith ar eireaball spideoige' sa véarsa deireanach den dán, tuairimíonn sé gur mhaith le Ó Ríordáin greim a bheith aige ar an éan toisc go raibh nasc faoi leith ag an spideog lena mháthair agus í díreach básaithe. Mar a deir Ó Dochartaigh: 'D'fhéadfadh gur ag iarraidh greim éigin a choimeád ar a mháthair a bhí sé freisin trí mheán na spideoige' (Ó Dochartaigh 1987: 22).

Leanann sé air agus molann sé níos deireanaí sa phíosa gur i ndiaidh achar fada bróin a ghlac an Ríordánach leis go mbeadh gá aige cuimhne éigin síoraí a bheith aige ar a mháthair agus gur leac cuimhneacháin buan a bhí san eireaball seo agus gur cineál oilithreachta bróin a bhí sa dán a chiallaigh go raibh sé tar éis teacht chomh fada leis sin. Ar dtús, bhí cathú air a bhrón a adhlacadh in éineacht lena mháthair. Ar deireadh, nuair a bhí an misneach aige an brón a admháil, theastaigh uaidh ise a chéiliúradh seachas a tharraingt leis (Ó Dochartaigh 1987: 23).

Tagraíonn Caitríona Ní Chléirchín san imleabhar seo don chreideamh mar théama i bhfilíocht an Ríordánaigh (Ní Chléirchín 2008). San alt 'Frithchléireachas an Ríordánaigh?' sa bhliain 1987, ceistíonn Tadhg Ó Dúshláine a fhrithchléirí is a bhí an Ríordánach. Míníonn sé an tslí ar tháinig borradh faoi nuafhilí Choláiste na hOllscoile, Corcaigh, ag deireadh na seascaidí agus iad ag leanúint eiseamláir an Ríordánaigh. Admhaíonn sé go raibh siad, mar ghrúpa, frithchléireach go maith (Ó Dúshláine 1987:

34). Ach, agus é ag díriú ar Sheán Ó Ríordáin féin, leagann sé an bhéim ar an ngreann a raibh cuma fhrithchléireach air. Níorbh fhíorbhinb í. Síleann sé gur bheag an t-ionsaí a bhí i gceist i gcomparáid le scríbhneoirí frithchléireacha san ochtú haois déag san Eoraip. Deir sé gur ag cosaint na cléire a bhí Ó Ríordáin ar shlí agus é ag iarraidh iad a choimeád amach ó ghnó an Stáit. Leanann an Dúshláineach air agus é ag lua cuid mhaith de na dánta ó na trí phríomhbhailiúchán filíochta a scríobh an Ríordánach agus is léir leithne iomlán a shaothair a bheith ar a thoil aige. An rud is mó a thagann chun solais agus machnamh á dhéanamh ag Ó Dúshláine ar an diagacht, ar na meafair Chríostúla, ar cheist na drúise agus ar dhánta ar féidir seanmóirí a thabhairt orthu, ná go simplí an bhéim a chuireann an Ríordánach ar an gcreideamh, an éifeacht a bhí aige ar a shaol agus ar a shaothar (Ó Dúshláine 1987: 37).

Is iontach an tuiscint atá ag Ó Dúshláine sa mhéid is go bhfuil sé in ann dhá thaobh éagsúla de ghnáthfheidhmeanna an chreidimh, nó na heaglaise cheapfá uaireanta, a fheiscint in áiteanna difriúla i gcorpas filíochta Uí Ríordáin. Luann sé reitric, seanmóireacht agus, go bunúsach, comhairle a bheith i ndánta ar leith – mar shampla, 'Fill Arís', a mhíníonn sé mar sheanmóir údarásach: 'Scéal an mhic drabhlásaigh atá mar eiseamláir anseo don té a d'imigh cúl le cine, a thréig a theach is a threabh. Usáidtear an modh ordaitheach tríd síos anseo agus aithnítear guth an tseanmóirí sna macallaí ón mBíobla' (Ó Dúshláine 1987: 37).

Ach ar an dóigh eile, agus é ag díriú a smaointe ar an dán 'Ní Ceadmhach Neamhshuim' sa bhailiúchán *Línte Liombó*, tugann sé le fios go bhfuil 'Leochaileacht, doimhneacht agus simplíocht phroinsiasánach ag baint leis an dán seo. Fágtar ordaitheach na seanmóireachta ar leataobh agus tá reitric neamhphearsanta Laidiniúil ag baint leis an teideal 'Ní Ceadmhach Neamhshuim'.

Is spéisiúil an radharc go minic a bhíonn ag Séamas de Barra ar dhomhan na Gaeilge. Agus é ina eagarthóir cúnta sa Ghúm le breis is tríocha bliain, is minic litreacha uaidh á bhfoilsiú i nuachtáin agus in irisí. Is minic sna hochtóidí agus tús na nóchaidí ailt a bheith aige ar réimse leathan ábhar. Gan amhras an píosa ba eisceachtúla a cuireadh le chéile ar fhilíocht an Ríordánaigh ná alt dá chuid in *Comhar* i bhFeabhra 1989, 'Machado agus an Ríordánach', a dhírigh ar an bhfile Spáinnise Antonio Machado, a bhí, dar le de Barra, cosúil go maith leis an Ríordánach agus a bhí ina dhíol spéise toisc an tsuim a léirigh an Ríordánach féin i dteanga na Spáinnise. Cuireann sé Gaeilge ar ghiotaí ó bhrollaigh cuid de leabhair filíochta Machado, rud a chuireann dhá dhán leis, 'Adhlacadh Mo Mháthar' agus 'Na Leamhain' araon, i gcuimhne dó (de Barra 1989: 28).

Dar liom féin go bhfuil an léargas is fearr ar fhilíocht an Ríordánaigh le fáil i bpíosa as an leabhrán *Seán Ó Ríordáin: Saothar an Fhile* de chuid Sheáin Uí Thuama a foilsíodh san eagrán comórtha ar an Ríordánach in *Comhar* i mBealtaine 1977.

Tosaíonn an Tuamach leis an tuairim gur eascair an nuafhilíocht Ghaeilge is fearr as taithí nua domhanda a tháinig chun na tíre tar éis an chogaidh agus maíonn sé go ndéanann dánta Uí Ríordáin meon na sochaí a mheas go han-mhaith sa tréimhse. Ar seisean: 'Dá chastacht í roinnt d'fhilíocht Sheáin Uí Ríordáin b'fhéidir gurb í is fearr – thar aon fhilíocht eile, Gaeilge nó Béarla – a léiríonn aigne mhuintir na tíre seo le linn na tréimhse sin' (Ó Tuama 1977: 31).

Measann sé gur féidir an fhilíocht a dheighilt in dhá chuid: dánta a mhúsclaíonn ócáid nó mothú ann féin, agus ansin dánta a dhéanann mothú mar sin a phlé go hintleachtúil agus uaireanta a mholann réiteach más fadhb atá sa mhothú. Leagann sé tuilleadh béime ar an gcéad chineál filíochta ós rud é gur bhain blas simplí ealaíonta leo agus tú dá léamh. Ní thugann sé tús áite don dara saghas toisc go mbíonn míniú de dhíth ar dhánta den chineál sin, dánta fealsúnta, dánta na teoirice. Ar seisean: 'Fágann sé sin nach furasta in aon chor don léitheoir a bheith ar chomh-mhothú iomlán ná ar chomhthuiscint leis an bhfile – uaireanta go deimhin séanfaidh an léitheoir príomhphonc fealsúnachta a bhíonn á chur chun cinn ag an bhfile' (Ó Tuama 1977: 31).

Ní féidir le Ó Tuama dóthain de bhéim a chur ar fheabhas agus ar nuaíocht na filíochta seo agus dar leis go mba leigheas é ar an nganntanas mór filíochta cruthaithí a bhí sa teanga, ganntanas a bhí ann le fada. Leagann sé tábhacht ar a éirimiúla is a bhí an Ríordánach, agus nuair a nasctar an éirim sin leis an tsamhlaíocht a bhí aige chomh maith le scileanna soiléire i dtaca le múnlú focal, síleann sé go raibh tréithe an ardfhile riamh ann (Ó Tuama 1977: 32).

Conclúidí

Tá díospóireachtaí léirmheastóireachta faoi nualitríocht na Gaeilge le léamh ar leathanaigh na hirise *Comhar*. Bhí riamh ós amhlaidh gur saolaíodh gairm scríbhneoireachta Uí Ríordáin san iris, ní nach ionadh gur bhain cuid de na criticeoirí an-tuiscint ar fad as a chuid filíochta san iris níos déanaí. Thaitin sé i gcónaí liom féin ón gcéad uair a léigh mé an dán 'Saoirse' iarracht a dhéanamh a oibriú amach cad go díreach a bhí ina aigne aige, cén sórt imirt cleasa, cén cineál íomhá, cén saghas dallamullóige, b'fhéidir, a bhí sé ag iarraidh a chur ar an léitheoir. Bhí a léithéid de cheisteanna ag na léirmheastóirí thuas agus cuid mhaith eile agus freagraí á lorg agus á moladh acu ag baint leasa as an ardán litríochta seo, mar a ghlaoigh bunaitheoirí *Comhar* air, lena leithéid a chur in iúl.

Nuair a scríobhas féin píosa don iris *Comhar* cúpla bliain ó shin ar an Ríordánach, luaigh mé gurbh é ceann de na buanna ba threise a bhí le brath ann ná an cumas a bhí aige na téamaí ba shoiléire a tháinig trasna ina chuid filíochta a nascadh, a chur i gcomparáid agus go deimhin codarsnacht a dhéanamh eatarthu (Mac Amhlaigh 2006: 27). Bhí ceisteanna ina aigne aige féin faoina chumas scríbhneoireachta – an file a bhí ann ar an gcéad dul síos? Ba ionann an bhuairt a bhí air nach scríbhneoir é go fíreannach agus a bhí air nach ball den chine daonna é uaireanta. Is é sin le rá, nach raibh sé in ann meascadh i gceart lena chomhshaoránaigh nó sa tslí chéanna nach raibh sé in ann filíocht a chumadh go nádúrtha; gur chuir an fiabhras isteach ar bhealaí difriúla air. Dá bhrí sin bhí tábhacht ar leith ann, measaim, i bhféachaint ar aontaigh cuid dá chomhscríbhneoirí agus na glúnta a tháinig ina dhiaidh lena bhuairt féin. Is é mo thuairim nár aontaigh in aon chor, agus is léiriú ar an spéis, ar an meas agus ar an iontas a bhain lena chuid filíochta gur scríobhadh na hailt eagsúla atá luaite agam.

Faraor, ceann de na nithe is suntasaí faoin méid thuas ná a laghad de phlé leanúnach a bhíonn ar siúl ar an Ríordánach san aonú haois is fiche in *Comhar* agus in irisí eile den chineál céanna. Tá súil agam nach rachaidh solas an Ríordánaigh i léig agus go gcuideoidh an céiliúradh a rinneadh ar bhás an Ríordánaigh i nDeireadh Fómhair 2007 lena chuid filíochta a choimeád ina heiseamláir cheannródaíoch do ghlúnta na Gaeilge amach anseo.

Chríochnaigh Máirtín Ó Díreáin a aiste in ómós don Ríordánach, 'Seán Ó Ríordáin: an fear agus an file', in *Comhar* sa mhóreagrán cuimhneacháin i mBealtaine 1977 mar seo a leanas:

> D'ainneoin na soillsí a múchadh ina shaol mar a dúirt sé féin; d'ainneoin drochshláinte ón am ar tháinig sé in aois fir, nó b'fhéidir ní b'fhaide siar, d'ainneoin an bás a bheith ag comhrá leis go mion minic ar feadh an achair sin, rinne sé saothar a thabhóidh cliú dó féin agus don teanga an fhaid a mhairfidh siolla di á léamh, á labhairt nó á scríobh (Ó Díreáin 1977: 5).

Seán Ó Ríordáin agus Aisling na Feola

Caoimhín Mac Giolla Léith

Scríobh Susan Sontag aiste fhada cháiliúil sa mbliain 1978 ar 'An Bhreiteacht mar Mheafar' ('Illness as Metaphor'), aiste a scríobh sí le linn di a cath féin a fhearadh ar ailse chíche. San aiste seo tugann sí fogha fíochmhar faoin leas míchuíosach a baineadh, dar léi, ó ré an Románsachais i leith, as galair áirithe mar mheafair: an eitinn, an ghealtacht agus an ailse, go háirithe. Is é croí na hargóna aici nach meafar é an galar agus, mar a deir sí i dtús na haiste, gurb é 'an bealach is fírinní le haghaidh a thabhairt ar ghalar – agus an bealach is folláine le bheith breoite – ná droim láimhe a thabhairt don mheafar agus don smaointeoireacht mheafarach' (Sontag 1978: 3-4). Admhaíonn sí nach furasta é seo a dhéanamh: 'Ar éigean', a deir sí, 'is féidir dul chun cónaithe i ríocht na mbreoiteachán gan ceann a thabhairt do na meafair gháifeacha a bhfuil an tírdhreach úd breac leo'.

Agus do bhealach á dhéanamh agat i dtírdhreach seo an tinnis, dar le Sontag, is iad na meafair a chuirfeas de do threoir thú. Is iad a sheasfas idir tú agus réaltacht ríocht na breoiteachta. Is iad a sheasfas idir an t-othar agus gá, ní abraim dualgas, an othair dul i ngleic leis an réaltacht sin. Is iad na meafair atá i gceist ag Sontag ná 'an fhantaisíocht úd, atá píonósach agus maoithneach', atá cumtha ag an gcultúr i gcoitinne le tuairisc a thabhairt ar an tírdhreach seo, ar dhála na breoiteachta. Dar léi gur mór idir an íomhá bhréige seo agus tuairisc fhírinneach ar 'charachtar náisiúnta' na mbreoiteachtán, mar a thugann sí féin air. Tá mórán le rá aici mar gheall ar dhearcadh Rómánsaithe an naoú haois déag i leith na heitinne agus ar an lorg a d'fhág sé sin ar dhearcadh an fichiú haois i leith galair eile. (Is fiú a lua gur fhoilsigh sí aiste aguisíneach ag deireadh na n-ochtóidí ar 'AIDS agus a chuid meafar', go háirithe meafar na pláighe, tar éis don ghalar úd slad a dhéanamh ar an gcultúr, nó ar an bhfochultúr is dlúithe lenar bhain sí féin, dáimh intleachta agus ealaíne na Stát Aontaithe).

Tá sé íorónta, mar sin féin, gur shíl Sontag, agus a cúram mar chriticeoir cultúrtha á chomhlíonadh aici, gurbh fhearr di féin cúl a thabhairt le fírinne na breoiteachta ar mhaithe le bréagadóireacht na meafar a nochtadh, mar a dhéanann sí go paiteanta. 'Ní mian liom', a deir sí, 'cur síos a dhéanamh ar an gcaoi a bhfuil sé, *i ndáiríre*, don té a théann ar imirce chuig ríocht na mbreoiteachán le cónaí ann.' Tá sé íorónta, chomh maith, ar ndóigh, agus an trácht seo ar fad ar 'ríocht na mbreoiteachán' in altanna tosaigh na haiste aici, gur taobh le meafar atá sí, go bunúsach, le stiúir reitrice a chur ar a cuid poileimice.

Anois, má bhí file ariamh ann arbh é an meafar capall na hoibre aige, go háirithe sa saothar luath aige arb é is mó a mbeidh mé ag baint leasa as inniu, ba é Seán Ó Ríordáin é. Agus go deimhin, is léir i scríbhinní próis an Ríordánaigh nach raibh aon leisce air go minic géilleadh do chuid de na miotais Rómánsacha a ionsaíonn Sontag, an ceangal idir breoiteacht na heitinne agus íogaire an ealaíontóra chruthaithigh, mar shampla. Ina fhianaise seo is deacair gan meafar Sontag a chur i gcomparáid le nath cáiliúil

Sheáin Uí Thuama faoi 'gheografaíocht fiabhrais' agus scagadh á dhéanamh aige ar an dán 'Fiabhras' (B 26). B'fhearr liom féin, áfach, tús áite a thabhairt anseo do dhán eile, 'Na Fathaigh':

Thuirling pianta diaidh ar ndiaidh,
    Pian ar phéin,
Níl sa chiapadh ach neamhní,
    Dúrt liom féin.

Tiocfaidh faoiseamh leis an ngréin,
    D'éirigh grian,
Lean mo bhroid ag dul i méid,
    Faire, a Chríost.

Lean na pianta ag argóint,
    Mise an t-abhar,
Focal níl sa phianfhoclóir
    Ná rabhas ann.

Iad am ithe, iad am ól,
    Iad am chrú,
Mé go béasach cneasta leo,
    Mé go humhal.

Ba leosan do chuaigh an lá,
    Mise a chaill,
Namhaid im thigh, an fhoighne is fearr,
    Tiocfaidh faill.

Fan, do chuaigh na pianta thar fóir,
    D'éiríos as,
Léim mo sprid le gliondar mór,
    Lig sí scread.

In aghaidh Dé do lig sí scread,
   Dúshlán fé!
Scaoileadh sé gach pian 'na ghlaic,
   Táimse réidh.

Thuirling milseacht tríd an aer,
   Thuirling neart,
Chonac na fathaigh taobh le taobh,
   Dia is an scread. (ES 59-60)

Mar áis, ag an bpointe seo, b'fhéidir nach miste an sliocht ó
dhialanna an Ríordánaigh is mó a bhaineann le hábhar an dáin
seo a thabhairt – 'leagan próis an dáin', mar a thugann Seán Ó
Coileáin air, dar dáta 19 Márta 1948:

Tagann fulang i mbeatha duine agus méadaíonn ar an bhfulang
diaidh ar ndiaidh. Bíonn an duine féin ag faire agus ag iarraidh
neamhní a dhéanamh de – agus leath-thuairim aige ná fuil an mí-
ádh ach ag súgradh agus go n-éireoidh sé as tar éis tamaill.
Méadaíonn san ar an bhfoighne aige – bheith ag coinne le
fuascailt. Ach tagann neomat – an neomat go dtéann an fulang
thar fóir – neomat uafásach. Éiríonn an sprid as go hobann agus
screadann sí. In aghaidh Dé an scread san. Tá deireadh le foighne,
deireadh le gaois. Is cuma fé dhóchas. Is beag ná go bhfuil deireadh
le dóchas. Abair gur le breoiteacht a ciapadh an sprid. Cé ná tagann
laghdú ar bith ar an mbreoiteacht briseann an scread an ciapadh
spride. Neomat mire an neomat so. Dúshlán fé Dhia. Agus bíonn
milseacht san aer tar éis na bruíne. (Ó Coileáin 1982: 219)

Faoin am a shroicheann an léitheoir deireadh an dáin féin tá
maolú áirithe ar an bpian agus ar dhéine an mhothúcháin agus an
fhulaing (maolú den tsórt nach bhfuil neamhchoitianta i bhfilíocht
an Ríordánaigh, agus ar fhéach Seán Ó Tuama, mar shampla, air
mar locht ar dhánta áirithe). Tá cobhsaíocht íogair i réim arís.

'Milseacht' agus 'neart' ag tuirlingt anois in áit chlagarnach na bpianta. Agus radharc anois ar 'Dhia' agus 'an scread' 'taobh le taobh'; *détente* (sealadach, ní foláir) eatarthu. Is fiú, áfach, costas an chomhraic feadh na slí a chomhaireamh. Ag tús an dáin tá mar a bheadh toisí na péine á dtomhas ag an bhfile. An focal féin 'pian' á dhíochlaonadh aige, nach mór: ainmneach iolra, ainmneach uatha, tabharthach uatha. Tá sé faoi mar a bheadh laige á lorg aige i gcéile comhraic, san áit nach bhfuil le fáil, áfach, ach ionsaí leanúnach an athrá. Déanann sé féidearthachtaí nó mianach sóláis na ríme a mheas – 'gréin', 'grian' le hais 'péin', 'pian' – sa cheantar úd ar dual dó a leithéid a aimsiú i ndánta eile, is é sin i 'bpoblacht' fhuascailteach an 'tsolais' mar a scaipfear fórsaí 'faisisteacha' (téarma Uí Thuama) 'rialtas na hoíche' (Ó Tuama 1978: 22). Tá mé ag tagairt anseo, ar ndóigh, don dán 'Claustrophobia' (B 13). Ach leanann briatharchath na bpianta ar aghaidh agus is é an file féin ábhar a síoragallaimh: 'Mise an t-ábhar.' Tá smacht caillte anois ag an bhfile, ba dhóigh leat, ar fhriotal na hargóna sa mhéid is nach é féin suibiacht a dháin féin níos mó ach a chuspóir .i. oibiacht. 'Focal níl sa phianfhoclóir/ Ná rabhas ann'. Cleas reitrice coitianta go leor i saothar Uí Ríordáin, ar ndóigh, a leithéid seo d'inbheartú, ach is fiú ceann a thabhairt dá éifeacht i gcomhthéacs an dáin áirithe seo.

Tharrtháil Máirtín Ó Direáin an comhfhocal Ríordánúil *par excellence* seo, 'pianfhoclóir' dá mharbhna féin 'Do Sheán Ó Ríordáin'. Ach má rinne, bhreac an Direánach íomhá den bhfile mar scoláire díograiseach agus 'an pianfhoclóir' ina aice, faoi mar a bheadh áis úsáideach ar láimh ag an bprintíseach focal, é ag cur snas ar a cheird agus é 'ag foghlaim an bháis' (Ó Direáin 1980: 191). Ach i mbundán an Ríordánaigh tumtar sna focail féin an file áit a bhfuil sé ar strae, mar a bheadh fánaí gan treoir. Leanann na pianta á ídiú – 'iad am ithe, iad am ól, iad am chrú'. Agus faoi mar a lean an galar ba chionsiocair leis na pianta seo ag creimeadh chorp an fhile, ba dhóigh leat gur lean na pianta sa dán ag creimeadh na bhfocal úd dob fhéidir leis - cheapfá, ar éigean - a chruinniú chuige féin le cur síos a dhéanamh ar na pianta céanna, agus tríd an gcur síos sin, b'fhéidir, cur ina gcoinne. Agus nuair a thagann an 'neómat uafásach' nuair a théann na pianta thar fóir níl mar lón airm agus anama aige ach an scread. Agus ní scread láidir, sochloiste, lánscamhógach (ní de thimpiste, ar ndóigh, a roghnaím an aidiacht) na colainne atá i gceist, fiú, ach scread teibí na spride.

Ag an bpointe seo sa dán, mar a thugtar le fios sa sliocht as an dialann, tá deireadh le foighne, deireadh le gaois agus deireadh le dóchas. Tá deireadh le creideamh – tugtar dúshlán Dé. Ach tá deireadh chomh maith, ar bhealach, le focail, le teanga agus, á cheal sin, le filíocht. Níl mar acmhainn ag an bhfile agus ag an bhfulaingeoir araon ach an scread. Ní féidir cur suas leis an bpian a thuilleadh, ach ní féidir cur síos air ach an oiread. Is í an phian a scoilteann an focal i bpluic an fhile agus a chuireann an teanga, teanga na filíochta, ar ceal.

Dar liom fós gur ag Elaine Scarry, ina sárleabhar *The Body and Pain: the Making and Unmaking of the World*, atá an tuairisc is fearr ar an slad a dhéanann an phian chorpartha ar acmhainní bunúsacha na teanga, acmhainní na hurlabhra, acmhainní na cumarsáide. Dar le Scarry éiríonn leis an bpian chorpartha deighilt ghlan a ghearradh idir réaltacht aon duine amháin, mar is léir dá c(h)éadfaí féin í, agus réaltacht daoine eile, fiú má tá siad i bhfoisceacht cúpla troigh dó nó di. Sa mhéid is nach féidir pian a chur in iúl ar bhealach intuigthe nó inchreidte go hiomlán do dhuine eile tá amhras agus éiginnteacht de shíor ag baint leis. Ní féidir pian a roinnt, agus ós rud é nach féidir é a chur i bhfocail, is ní é nach féidir a dhiúltú ná a chinntiú. 'Níl sa chiapadh ach neamh-ní,' a deir an file leis féin sa dán atá faoi chaibidil againn, a intleacht ag iarraidh fianaise a chéadfaí corpartha a bhréagnú; amhras sealadach, straitéiseach a ghiniúint iontu. Mar a deir Scarry, ní hé amháin go dtugann an phian dúshlán na teanga ach sáraíonn go hiomlán í, sa chaoi is go bhfilltear ar an staid réamh-theangeolaíoch úd mar nach bhfuil ar chumas an duine dhaonna ach an scread nó an éagaoin. (Scarry 1985: 4)

'Nuair a thiteann duine i mbreoiteacht nó i naofacht nó i bhfeirg, tagann an rud ina dtiteann sé ina thimpeall agus cloistear ann an phian nó an salm, nó an racht is oiriúnach dá staid,' a scríobh an Ríordánach sa réamhrá a chuir sé le *Eireaball Spideoige* (ES 16) . Má tá deacracht ag an Ríordánach an phian chorpartha a d'fhulaing sé a chur i bhfocail, ach oiread le duine ar bith eile againn, ní fhágann sé sin, áfach, nach féidir leis 'an focal' nó, go deimhin, 'an bhéic' nó 'an bhúir' réamhtheangeolaíoch, an bhéic nach n-eascraíonn ón duine daonna, fiú, ach ón domhan máguaird, a shamhlú mar phian ann féin, i bhfoirm pearsantú, nó ionchollú fileata ar an bpian, faoi mar a dhéanann sé i ndán luath eile 'Torann agus Tost' (ES 40):

Bhí béic is búirth na corann im chluais,
   Sin mar chaitheas an tráthnóna sin,
Mar phéin gan suan bhí an torann go buan
   Is do shuigh sé liom sa tseomra.

Agus, níos deireanaí sa dán céanna:

Ba ghéar is ba chruaidh an focal a dúirt
   An ainnir óg gan trócaire,
Mar phéin gan suan bhí an focal go buan
   Is do shuigh sé liom sa tseomra.

Cuimhnímis anseo ar a ndúirt Seán Ó Tuama agus Frank O'Brien tráth i dtaobh úsáid, nó go deimhin ró-úsáid an réamhfhocail 'mar' ag an Ríordánach, de réir mar a bhí na *simile*anna dá gcarnadh aige i ndánta áirithe dá chuid. Pian mheafarach atá anseo againn, ar ndóigh, seachas an phian chorpartha a thugann dúshlán an mheafair, na teanga agus an fhocail féin. Pian í seo a eascraíonn ón intleacht agus ón tsamhlaíocht agus ní ón gcorp ná ó na céadfaí corpartha. Samhlaíonn an file gur féidir an torann pianmhar a chur ina thost ach na fuinneoga a dhúnadh air 'mar mhéir i gcluais', mar a deir sé, *simile* atá aisteach go leor ann féin, sa mhéid is go bhfuil dhá ghníomh atá fíorchosúil le chéile sa saol iarbhír á gcur i gcosúlacht lena chéile anseo ar leibhéal an mheafair, mar dhea. Ach an gníomh sin a chur i gcrích gheobhaidh an file faoiseamh agus tost. Ach, ar ndóigh, is é cruachás paradacsúil an cheardaí focal má chuireann sé 'an focal' ó dhoras, gur beag atá fágtha aige agus go bhfuil an baol ann go mbeidh deireadh leis mar fhile. ('Táimse réidh,' a deir an Ríordánach in 'Na Fathaigh', ach ar ndóigh tá dhá bhrí leis sin: 'táim ullamh chun troda' an phríomhchiall sa chomhthéacs, ar ndóigh, agus 'tá deireadh ráite'.) Ag deireadh an dáin 'Torann agus Tost', áfach, is léir nach féidir leis an bhfile a bhás mar údar, mar a déarfá, a fhulaingt, agus críochnaíonn sé leis an véarsa seo a leanas:

Dá mhéid a liú, chuaigh an focal amú,
   Níor sheas cogar de sa tseomra,
Ach céadfa i suan is tost mar an uaigh:
   Féach, oscail na fuinneoga dom. (ES 40)

Ar deireadh thiar níl ag an Ríordánach mar ábhar faoisimh agus sóláis ach, mar a deir sé i ndánta eile, 'a scáthán véarsaí' ('Sos', ES 46), nó 'súgán filíochta' an fhir a bháfaí á cheal ('Cnoc Mellerí', ES 64). Níl mar ghléas airm aige i gcoinne na n-ionsaithe a dhéanfas an phian fhisiciúil agus an phian shíceolaíoch araon air ar feadh a shaoil ach an fhilíocht, an meafar, an tsamhail. Ach dá mhéid an chaint ag Ó Ríordáin ar fud a chuid scríbhinní ar chumhacht dhraíochtúil an fhocail 'breith' ar rudaí, ar dhaoine, ar ócáidí, ar nithe iomadúla neamhtheibí an tsaoil seo, is mó i bhfad an leas a bhaineann sé as na focail leis na nithe agus na neacha seo a choinneáil fad áirithe uaidh, nó a dhroim a chasadh leo, fiú. Mar a dúirt Seán Ó Coileáin fadó: 'is ag an bhfoirm theibí . . . a bhíonn an bua i gcónaí' ag an Ríordánach. 'Tosaítear le daoine ach is gearr nach mbíonn iontu ach comharthaí sóirt.' D'fhéadfaí a rá nach bhfuil rud ar bith níos neamhtheibí ar domhan ná pian chorpartha, nó go deimhin, gach a mbaineann leis an gcorp cré atá umainn. Ach má tá téagar suntasach ag roinnt leis an gcorp cré seo, mar a admhaíonn an Ríordánach sa réamhrá le *Eireaball Spideoige*, tá an corp seo lochtach go smior, é easnamhach agus neamhiomlán. Más 'leagan dár bpaidir' 'an corp cré atá umainn', mar a deir sé, 'ní beoleagan é ach leagan lochtach' i gcomórtas leis an gcorp iarbháis, an corp iarbhreithiúnais, ar 'rud álainn' é, 'sainrud' ina théarmaíocht féin:

> Measaim, [a deir sé] go mbeidh glaine an rud teibí agus téagar an rud neamhtheibí sa chorp iarmbreithiúnais agus gurb í an ghlaine a shantaíonn an rud neamhtheibí agus gurb é an téagar a shantaíonn an rud teibí nuair a théann siad ag cuairteoireacht chun a chéile. (ES 17)

Ach bhí easpa téagair ag roinnt lena chorp cré féin riamh, mar is eol dúinn, chomh maith le heaspa glaine, dar leis. Má admhaíonn sé, i bprionsabal ar a laghad, gur 'féidir paidir níos glaine ná an corp cré a rá agus sinn ar an saol seo' (ES 13) is beag fianaise atá ina shaothar gur éirigh leis fiú druidim i dtreo comhréitigh idir 'glaine an rud teibí' agus 'téagar an rud neamhtheibí'. Más é an t-aon bhealach ar an saol seo le paidir níos glaine ná an corp cré a rá, dar leis, is trí 'mhaireachtaint i ngníomh oiriúnach' (ES 13) a dhéanfar an bheart. Ach más ea, d'imigh sé dian go leor ar an Ríordánach a chomhairle féin a leanúint. Is é is dóichí gurbh é an gníomh ab oiriúnaí a d'aimsigh sé dó féin ná cumadh na filíochta. Agus is trí mheán na filíochta, agus trí acmhainní uile na filíochta, rithimí agus rímeanna, meafair, samhlacha agus uile, a d'éirigh leis, cuid áirithe ar a laghad, éalú ó thruamhéil agus ó shuarachas an choirp – ní amháin ó na pianta a bhí á chreimeadh ach ó na mianta a bhíodh á chrá.

Tá tagairt sa dán 'Ualach na Beatha' don rud ar a dtugann Ó Ríordáin 'aisling na feola' (ES 33-4). Sa chomhthéacs áirithe sin is ag trácht atá sé ar dhúil bhunúsach an chine dhaonna an cine féin a bhuanú. (Níos deireanaí ina shaol, agus an cheist chéanna á hiniúchadh aige ar bhealach eile, chuirfeadh sé an cheist: 'Ab shin a bhfuil de shíoraíocht ann?' (LL 13)). Ag trácht atá sé sa dán seo ar 'fiainmhian gach fir a saolaíodh', ar 'an buanordú seanda 'Méadaígí!', agus ar ndóigh ar an gcaidreamh collaí le neach agus le corp eile taobh amuigh díot féin is gá chuige sin. Ach, bíodh gur shamhlaigh sé sa dán 'Bacaigh' (ES 37), 'Leamhchúthaileacht gan chéill' an fhir déirce mhíbhuíoch leo siúd a lean 'ceard na geanmnaíochta' - luann sé na sagairt agus na baitsiléirí araon – déarfá go mba bheag an brostú chun gnímh dó féin an méid sin ag an bpointe seo ina shaol. Nó sin é an chosúlacht atá ar an scéal ó fhianaise na filíochta luaithe ar a laghad, mar is léir ó 'Ualach na Beatha' agus mórán éile. Ar ndóigh, bhí cúiseanna go leor leis seo, a bhféadfaí plé fada a dhéanamh orthu ar ócáid eile. Lena chois seo, tá *caveat* mór amháin is fiú a lua: is é sin nach gá, ar ndóigh, gurb ionann an *persona* cráite aonaránach a chuirtear os ár gcomhair sa saothar agus fírinne an tsaoil. Ainneoin mhór-shaothar Sheáin Uí Choileáin, cuimhnímis go bhfuil mórán taighde fós le déanamh ar dhialanna an fhile, mar shampla. Ach is é an t-áiteamh a bheadh agam anseo go raibh claonadh láidir ag an Ríordánach, *mar fhile* ar chaoi ar bith, cúrsaí feola den uile shórt a choinneáil ar 'leibhéal na haislinge', leibhéal na teibíochta, leibhéal an mheafair, ar leibhéal na teanga ar deireadh. Ach, ar ndóigh, fiú i dtearmann féintagarthach na teanga, i ndún dúnta na bhfocal, i dtimthriall na meafar, is ar éigean a d'fhéadfadh sé faoiseamh a fháil ó éilimh an choirp chré, ó fhadhb na péine agus ó cheist na collaíochta araon. "Gnáthscrupaill choinsiasa an ghnáthChaitlicigh óig" más maith leat', dar le Seán Ó Coileáin, agus an frása nótálta úd de chuid Mháire Mhac an tSaoi in uaschamóga aige, 'ach an déistin a chuireann a chorp martraithe féin air a bheith ag treisiú leo' (Ó Coileáin 1982: 150). Sa dán 'A Ghaeilge Im Pheannsa', tá an Ghaeilge féin, an teanga úd a raibh caidreamh míshocair go leor aige léi ag an am a scríobhadh an dán, tá sí á samhlú ansin aige mar spéirbhean aislingiúil. Má tá fíor liteartha amach is amach ar a intinn agus fasaigh iomadúla a shinsear i measc mhórfhilí Gaeilge an ochtú haois déag ag fuaimint ina cheann, ní féidir leis, mar sin féin, gan an cheist a chur:

An mbraitheann tú pianta,
Dhá chíoch bhfuilid agat? (B 9)

An Ríordánach agus na filí Albanacha

SÉAMUS MAC FLOINN

Ba mhaith liom díriú sa pháipéar seo ar chuid de na féidearthachtaí atá ann i dtaobh comparáide idir an Ríordánach agus filí Albanacha. Pléifidh mé roinnt éagsúlachtaí idir an dá chultúr de réir mar a bhaineann le cúrsaí litríochta sula bpléimse na féidearthachtaí comparáide féin. Tabharfaidh mé aghaidh ar na gnéithe i nuafhilíocht na hAlban, mar a fheictear domsa iad, a bhfuil a macasamhail nó fiú a malairt le haimsiú i saothar an Ríordánaigh.

Le blianta beaga anuas is mór an obair atá curtha i gcrích ag scoláirí Gaeilge i réimsí éagsúla de léann na Gàidhlig. Tá idir shaothair chritice agus chruthaitheacha foilsithe acu. Cuirim i gcás mórstaidéar Mháire Ní Annracháin ar fhilíocht Shomhairle MhicGill-Eain *Aisling agus Tóir*; aiste léirmheastóireachta Alan Titley ar shaothar Iain Mhic a' Ghobhainn in *Comhar* i 1988; aistriúcháin Gàidhlig go Gaeilge de chuid Choilm Uí Bhaoill ar ghearrscéalta sa chnuasach *Feoil an Gheimhridh*; alt le Mícheál Mac Craith agus Michelle Macleod faoi théama na deoraíochta mar atá sé le sonrú i bhfilíocht an Direánaigh agus Ruaraidh Mhic

Thòmais, 'Home and Exile: A Comparison of the Poetry of Máirtín Ó Direáin and Ruaraidh Mac Thòmais, in *New Hibernia Review/Iris Éireannach Nua*; agus caibidlí scríofa ag Tomás Mac Síomóin agus daoine eile i gcnuasaigh aistí in ómós d'údair mhóra Gàidhlig cosúil le *Sorley Maclean: Critical Essays* a ndearna Raymond Ross agus Joy Hendry eagarthóireacht air, agus *Ian Crichton Smith: Critical Essays.*

Ó thaobh saothar comparáide de, diomaite dá bhfuil le fáil sna dréachtaí a ndearna mé trácht orthu, is gort mór é atá fós le treabhadh, cé go bhfuil tús láidir curtha leis ag mic léinn iarchéime ar an dá thaobh de Shruth na Maoile. Mar a dúirt mé cheana, ba mhinic a scríobh Gaeil Éireannacha píosaí i gcnuasaigh aistí in ómós d'údair mhóra Gàidhlig. I measc na gcaibidlí atá le fáil in *Sorley Maclean: Critical Essays,* cuireann Breandán Ó Doibhlin dearcadh Gaeil Éireannaigh i láthair ar shaothar MhicGill-Eain. Admhaíonn sé go lomnocht gur mhinic a thug lucht na Gaeilge neamhaird ar a raibh á shaothrú ag filí Gàidhlig. Dar leis:

> We were busy understanding and reducing to some sort of critical order the new harvest of poetry and prose in Irish, Máirtín Ó Direáin, Seán Ó Ríordáin and Máirtín Ó Cadhain, and were shamefully oblivious for the moment to the other branch of the Gaelic tradition beyond the Sea of Moyle (Ross and Henry 1986: 81).

Don té a bhfuil spéis aige sa litríocht, sa stair, sa tsochtheangeolaíocht, i gcúrsaí cultúrtha agus sa pholaitíocht chomhaimseartha tá neart ábhair ann dó. Mar sin féin tá constaicí áirithe ann i gcónaí maidir le comparáid dhíreach a dhéanamh. Diomaite de na héagsúlachtaí atá ann i gcónaí idir an dá chultúr Ghaelacha, tá difríochtaí eile nach miste a lua agus a mhíniú agus an chaoi a gcuirfidís isteach ar shaothar comparáide a léiriú.

Rud amháin a sheasann amach domsa ná stádas na Gàidhlig in Albain faoi láthair, agus fiú in aimsir an Ríordánaigh. Ní amháin nach dtugtar aitheantas di mar theanga oifigiúil ach níor baineadh leas aisti riamh chun bunbhrí an Albanachais a shainiú. Agus féinriail de chineál éigin curtha i bhfeidhm in Albain anois, tá deis iontach ann le hathmheasúnú a dhéanamh ar staid na teanga ansiúd i gcomparáid le hÉirinn san fhichiú haois agus an tionchar a bhíonn ag stádas dá leithéid ar an litríocht nó, sa chás seo, an fhilíocht. I measc a bhfuil déanta go dtí seo tá caibidil scríofa ag Máire Ní Annracháin ar fhorbairt an úrscéil Ghàidhlig ó cuireadh tús le rialtas dílárnaithe i nDún Éideann. Sa saothar sin deir sí:

Scottish Gaelic, unlike Irish in Ireland, was not called upon to express cultural nationalism at any point in the twentieth century, nor was its literature charged with seeking or saving the soul of Scotland. There was no pressure to remain undiluted by contact with other languages and cultures (2007).

Is dóigh liom gur pointe ríthábhachtach é seo i gcomhthéacs thuairimí an Ríordánaigh i dtaobh an Bhéarla agus an méid a chráigh ceist na teanga é. Ar ndóigh tagann dánta ar nós 'A Ghaeilge Im Pheannsa' agus 'A Theanga Seo Leath-Liom' chun cuimhne anseo, agus tiocfaidh mé ar ais chuig an bpointe seo níos déanaí.

Gné amháin a bhaineann le filíocht na Gàidhlig ó na seascaidí ar aghaidh, nach raibh chomh suntasach céanna i gcás nuafhilíocht na Gaeilge go dtí le gairid, ná aistriúcháin Bhéarla a bheith curtha leis na leaganacha Gàidhlig san aon chnuasach amháin, aistriúcháin an fhile féin don chuid is mó. Bhí an oiread sin de chnuasaigh filíochta sa Ghàidhlig foilsithe mar aon le haistriúcháin Bhéarla gurbh ábhar imní é do scoláire amháin a d'áitigh gur mhó le mórchuid na léitheoirí na haistriúcháin

Bhéarla ná na bunleagain Ghàidhlig ar an gcéad dul síos. Ba é Wilson McLeod a chuir tús leis an díospóireacht, agus déanann Ronald Black trácht ar an ngné thromchúiseach seo i réamhrá a ollshaothair ar fhilíocht chomhaimseartha na Gàidhlig *An Tuil* áit a ndeir sé:

> The initiative was taken by Wilson McLeod, an American learner of Gaelic, who pointed out that over thirty years since the 1960s the profile of the English language in collections of Gaelic poetry had typically risen from translations of a small number of poems at the back to facing-page translations of every item. 'There is thus no space in which the Gaelic poetry exists on its own, to be considered and assessed on its own terms: from the first moment of exposure to the world it is over-shadowed and usurped' (1999: lxiv).

Leanann Black air á rá gur gné is ea an t-aistriúchán filíochta a bhaineann go príomha leis an nuafhilíocht .i. an fhilíocht nua-aoiseach, nuair a áitíonn sé: 'The books without translations are usually "traditional", the ones with translations are usually "innovative". There is an imbalance' (1999: lxiv).

Nuair a chuir Tomás Mac Síomóin agus Douglas Sealy cnuasach dátheangach d'fhilíocht Mháirtín Uí Dhireáin i 1984 le chéile, ba léir do phobal na Gaeilge go mba rud as an nua é dánta Gaeilge le file comhaimseartha a bheith á n-aistriú go Béarla. Gné shuntasach den tionscadal seo is ea go bhfuair na heagarthóirí cead an Direánaigh a chuid dánta a aistriú, ach nach dtugann, mar shampla, Biddy Jenkinson cead oiread is dán amháin dá cuid a aistriú ón Ghaeilge, in Éirinn pé scéal é. Mar sin tionscadal réasúnta nua is ea nuafhilíocht na Gaeilge a aistriú go Béarla, cé go bhfuil leithéidí *An Crann Faoi Bhláth* (1993) ann ina bhfuil aistriúcháin Bhéarla taobh leis na bunleagain Ghaeilge agus eiseamláir níos luaithe ar nós *The Bright Wave/An Tonn Gheal:*

Poetry in Irish Now (1986) a d'fhoilsigh Raven Arts Press sna hochtóidí agus iarrachtaí suntasacha leanúnacha déanta ó na hochtóidí luatha i leith le haistriúcháin a chur ar fáil d'fhilíocht Nuala Uí Dhomhnaill. Cé gur cuireadh gluaiseanna i gcnuasaigh cosúil le *Nua-Dhuanaire* (1986) ar fáil, ní hionann gluais d'fhocail neamhchoitianta ag deireadh leabhair agus aistriúchán Béarla curtha díreach in aice leis an leagan Gaeilge. I dtuairim Mhichael Cronin:

> In 1984, Goldsmith Press published *Tacar Dánta/Selected Poems*. It was a bilingual collection of Máirtín Ó Direáin's poems translated into English by Douglas Sealy and Tomás Mac Síomóin. The publication of the translations represented a decisive change in cultural policy in Ireland. There had, of course, been many earlier collections of Irish-English translations such as the highly successful *An Duanaire: Poems of the Dispossessed*, published in 1981. The novelty of *Tacar Dánta* was, firstly, that it contained English translations of work by a contemporary as opposed to a long-dead Irish-Language writer. (1996: 169)

Léachtóir le Gaeilge i gColáiste na Tríonóide ab ea Mícheál Ó Siadhail sna seachtóidí nuair a d'fhoilsigh sé a chéad chnuasach filíochta i nGaeilge, *An Bhliain Bhisigh*, i 1978. D'fhoilsigh sé dhá chnuasach eile sna hochtóidí luatha (*Runga* i 1980 agus *Cumann* i 1982) sular chas sé ar an mBéarla. Tráchtann Gearóid Denvir ar léirmheas na gcriticeoirí Béarla ar a chéad chnuasach Béarla. Mhol na criticeoirí é go hard ach dar le Denvir gur thug siad cluas bhodhar dá raibh foilsithe aige cheana i nGaeilge:

> Nuair a foilsíodh *Springnight*, cnuasach filíochta i mBéarla le Mícheál Ó Siadhail, sa bhliain 1983 bhí bunáite na léirmheasanna thar a bheith fábhrach. Rinne léirmheastóir amháin iontas go raibh 'fully-fledged talent' tar éis teacht ar an bhfód i ngan fhios do chách agus ar neamhchead do na hirisí filíochta Béarla. Is beag

duine acu a thagair do thrí chnuasach Gaeilge Uí Shiadhail a foilsíodh blianta beaga roimhe sin. Is cosúil, mar sin, gurb iad lucht na Gaeilge amháin atá i seilbh dhá arm aigne an Athar Peadar (1997: 175).

De bharr go ndeirtear gur bhris sé talamh nua i scríobh na filíochta siar sna daichidí shamhlófaí gur chóir an Ríordánach a chur i gcomparáid le Somhairle MacGill-Eain, Hugh MacDiarmid nó Iain Mac a' Ghobhainn thar aon fhilí eile ó Albain. Ba mhaith liom, áfach, file Albanach eile a mholadh atá inchomparáide chomh maith céanna. Is as cósta Inbhir Áir in iardheisceart na hAlban, nó i nGalltacht na hAlban, Uilliam Néill. D'fhoghlaim sé a chuid Gàidhlig ó mhuintir na Gaidhealtachd i nGlaschú mar ar bhain sé amach céim sa Léann Ceilteach sna seascaidí. Ach cé nach raibh an Ghàidhlig aige ó dhúchas thuig sé chomh lárnach is a bhí sé tráth i gcroílár dhúthaigh Robbie Burns. Ba chuid lárnach den chosaint a bhí aige ar a thionscadal fileata féin ná gur labhraíodh an Ghàidhlig sa cheantar roimhe sin agus gur cuid lárnach de í fós. Scríobh sé i mBéarla, in Albanais (Lallans) agus ar ndóigh i nGàidhlig. Ní amháin go raibh scoth na scríbhneoireachta aige sna trí theanga ach gur náisiúnaí Albanach é. Ghlac sé páirt i dturas na bhfilí Éireannacha agus Albanacha i 1973, 1987 agus 1992.

B'as Breac-Ghaeltacht do Sheán Ó Ríordáin mar a raibh an Ghaeilge i bhfad ní ba threise sa cheantar cúpla céad bliain roimhe sin. Cé go raibh an teanga marbh nach mór in Inbhir Áir san fhichiú haois, níor mhiste díriú ar shampla Uilliam Néill le comhscríbhneoir Ríordánúil a aimsiú i nGàidhlig. Ceann de na dánta ina dtéann Néill i ngleic le ceist na teanga ná 'Stuth Toirmisgte', dán faoin radharc aige ó chósta thoir na Galltachta ar Mhanainn:

Ma théid mi nam sheasamh	Má sheasaimse
An-seo air oirthir Ghallabha	Anseo ar chósta Galloway
Chi mi Eilean Mhanainn	Is féidir liom Manainn a fheiceáil
Gorm glan air fàire as an dànaig	Gorm glan ar léaslíne as ar
	tháinig
An stuth toirmisgte mar	An contrabhanna mar bhranda
bhranndaidh	
Shioda, clàireat, shaorsa,	Síoda, cláiréid, saoirse, agus
Ghàidhlig	Gàidhlig

Ach ní hé an cúram a dhéantar de cheist na teanga an t-aon chosúlacht atá ann idir an Ríordánach agus Néill. San irisleabhar ráithiúil Gàidhlig *Gairm* scríobh Derick Thomson, nó Ruaraidh MacThomais, léirmheas ar chnuasach filíochta Uilliam Néill. Dúirt sé faoin bhfile: 'Tha e air a chomhlàn bheag sin a tha a' cleachdadh trì cànanan na h-Albann, mar bha Dèorsa Caimbeul Hay'. Is díol suime é i bhfianaise mo thráchtaireachta níos luaithe san aiste seo go bhféachtar ar an nGaidhlig, ar an mBéarla agus ar an Albanais mar theangacha na hAlban nach bhfuil i gcomórtas lena chéile, rud a dhearbhaíonn Wilson MacLeod ina achoimre ar staid na Gàidhlig in Albain faoi láthair. Dar le MacThomais gur minic a bhaineann Néill úsáid reitriciúil as an aimsir chorraitheach, ghuagach chun léargas a thabhairt ar a bhfuil ag tarlú dó féin go hinmheánach. Agus é ar strae ar muir idir Oileán Árainn agus Ailsa Craig baineann sé an Cluaidh amach faoi dheireadh thiar thall agus tá sé faoina chomaoin de bharr an tearmainn a thugann sí dó.

's mi gu léir gun acair	Agus mé gan céibh ar bith
le làmh neo-chinnteach air an	Mo lámh neamhchinnte ar an
stiùir	roth
Ach fhuair mi aig a' cheann thall	Ach bhain mé amach ar
	deireadh thiar thall

Sabhailte gu cala, agus tha fèath	Slán sábhálta chuig cadhladh
ann	agus tá suaimhneas ann
Linne Chluaidh mar sgathan,	Linne Chluaidh mar scáthán
ciùin fo m'shùil	séimheach faoi mo shúile

Ar ndóigh, chuirfeadh na línte seo dánta an Ríordánaigh cosúil le 'Fiabhras' agus 'An Stoirm' i gcuimhne don léitheoir Gaeilge agus é ag baint úsáide as cruth na haimsire chun cur síos a dhéanamh ar a bhfuil ar siúl ina intinn. Tá gort le treabhadh fós ag lucht acadúil na Gaeilge le comparáid chuimsitheach a dhéanamh idir an Ríordánach agus nuafhilí na hAlban. Níl ina bhfuil luaite anseo ach blaiseadh dá leithéid.

Seán Ó Ríordáin agus Fréamhacha an Dúchais

MÁIRE NÍ ANNRACHÁIN

Tá an staidéar ar fhilíocht an Ríordánaigh go mór faoi chomaoin Sheáin Uí Thuama, nach maireann (Ó Tuama 1978). Eisean a rinne an chéad anailís shuntasach neamhdhromchlach uirthi. Thar aon rud eile nocht sé chomh domhain is a bhí luí an Ríordánaigh leis an Eaglais Chaitliceach. D'áitigh sé, agus an ceart aige, dar liom, gur laistigh den eaglais, seachas lasmuigh de, a fuair an Ríordánach pé síocháin nó réiteach a bhí i ndán dó, tar éis an chlampair agus éirí amach ar fad. Ceist eile, áfach, ceist na bhfréamhacha dúchais. Ní chuirfeadh sé lá iontais ar éinne a raibh aithne aige nó aici ar an Tuamach féin, nó cur amach ar an léamh íogair a bhí ar a chumas aige, a fhoghlaim gur aithin sé go raibh an dúchas ag teacht in uachtar i saothar an Ríordánaigh. Ach é sin ráite, níorbh í sin an chloch ba mhó ar a phaidrín. Cé gur thóg sé coiscéim fhíorthábhachtach i dtreo na bhfréamhacha dúchais – cuirim i gcás an léamh a rinne sé ar sheánra an *aubade* mar fhráma tuisceana don dán 'Reo' – níorbh í sin an ghné de shaothar an Ríordánaigh is mó a d'fhorbair sé. Nílim cinnte go raibh an ceart aige béim chomh mór sin a leagan ar an gcomaoin a chuir an litríocht idirnáisiúnta, le hais litríocht dúchais na Gaeilge, ar fhilíocht Uí Ríordáin. Litríocht an Bhéarla is mó a bhí i gceist aige. Lean Eibhlín Nic Ghearailt é i 1988 le leabhar tábhachtach eile.

Is mar léiriú ar an nua-aimsearthacht a léigh an Tuamach na cosúlachtaí idir saothar an Ríordánaigh agus codanna de litríocht an Bhéarla, agus, go pointe áirithe, de litríocht na Fraincise. Nílim á áiteamh nach raibh an ceart ag an Tuamach agus ag daoine eile ina dhiaidh rian an Bhéarla a aithint, ach é seo: gur gá traidisiún na Gaeilge a bheith go hard ar an liosta agus muid ag iarraidh ní amháin filíocht an Ríordánaigh ach a *nua-aimsearthacht* a thuiscint. Beidh mé ag áiteamh gurb é an comhartha is mó ar a nua-aimsearthacht ní na macallaí a bhain sé as litríochtaí eile ach an t-athchóiriú a rinne sé ar mhúnlaí dúchasacha.

Is beag coincheap is doimhne i litríocht na Gaeilge ná pearsantú an talaimh mar bhean, nó, lena chur i bhfocail eile, comhaitheantas nó comhionannú idir an talamh agus an bhean. Níl aon amhras nach bhfuil stádas canónda bainte amach ag 'Adhlacadh Mo Mháthar'; ar éigean má tá dán eile de chuid na filíochta comhaimseartha a bhfuil stádas chomh hard leis aige. D'áitigh mé in alt eile (Ní Annracháin 2003) go síolraíonn an stádas ard ní as maoithneachas an ábhair .i. fear cráite a bhfuil a mháthair curtha aige agus cumha air ina diaidh, ach as na macallaí a bhaineann sé as an gcleachtas bunúsach Gaelach trína samhlaítear an talamh mar bhean. Oibríonn an dán trí leagan uafásach agus *litriúil* a fháisceadh as comhshamhlú an talaimh agus na mná, agus tríd an bhean–talamh le chéile a cheangal leis an mbás agus an uaigh, seachas le flúirseacht agus flaithiúlacht na beatha. Tríd an gcoincheap lárnach sin a iompú bunoscionn, trína léiriú mar fhírinne litriúil, agus trína cheangal leis an mbás, tá blas dorcha agus éadóchasach tugtha dó laistigh de thraidisiún na Gaeilge. (Tabhair faoi deara gurb é an rud ceannann céanna atá déanta sa téacs comhaimseartha próis is airde stádas freisin, *Cré na Cille*. (Féach Ní Annracháin 2007a)).

Ar fhaitíos go gcuirfí i mo leith é go bhfuilim ag cur brú ar an téacs, tá gné mhór eile atá gaolmhar leis an bpearsantú baineann ar an talamh le feiceáil go soiléir sa dán freisin, is é sin, comhbhá an dúlra. Tháinig feo agus dreo ar an domhan nuair a chuimhnigh sé ar shochraid a mháthar: 'thit an Meitheamh siar isteach sa Gheimhreadh'. Dá mbeifí ag iarraidh cur síos litriúil ar ar tagraíodh dó sna línte sin, déarfaí rud éigin mar seo: 'agus mé i mo shuí san úllghort mí an Mheithimh, go tobann chuimhnigh mé siar ar lá na sochraide sa gheimhreadh'. Ach tá sé ráite ar bhealach a bhfuil blas osnádúrtha air, a gcloisim macalla na seanchomhbhá ann, go fiú más meafar atá i gceist: 'thit an Meitheamh siar isteach sa Gheimhreadh'. Dá bhrí sin tá rian osnádúrtha ann trí chomhbhá an dúlra, agus rian na fírinne litriúla tríd an gcuimhne, agus an dá rian sin ar an gclaochló ó Mheitheamh go gcimhrcadh, díreach ar nós mar a bhí blas osnádúrtha an phearsantaithe bhaineann agus blas uafásach litriúil ar stádas nua na máthar mar chorp marbh ag déanamh cré, an chré agus an mháthair ag dul isteach ina chéile.

Ní fheicim go bhfuil 'Adhlacadh Mo Mháthar' (ES 56) intuigthe mura gcuirtear san áireamh an leas íorónta a bhaineann sé as na clocha coirnéil sin de chuid an traidisiúin; ní dóigh liom go bhfuil an clog suntasach a bhuaileann an dán in intinn lucht léite na Gaeilge intuigthe dá uireasa. Más mar chlog a shamhlóimid é, déarfainn gur creidhill an bháis é, óir tá sé chomh héadóchasach sin mar shlabhra sa traidisiún. Ach arís ar ais, tá dúblú ar an íoróin, sa mhéid is gur comhartha beatha nua é an dán céanna, gurb é an dán aonair is mó a d'fhógair beatha nua d'fhilíocht na Gaeilge.

Ní hé 'Adhlacadh Mo Mháthar' an t-aon dán amháin ina bhfuil

macalla den sean-chomhshamhlú idir gné éigin den dúlra (nó an talamh ina hiomláine) agus bean. Tá a rian sách soiléir ar 'Éist le Fuaim na hAbhann' freisin. Tá amhras ar an léitheoir ón tús i dtaobh na pearsan baineann. Ní léir an í an abhainn an bhean. Tá macalla éigin ann de phearsantú baineann na talún (aibhneacha san áireamh), ach ní féidir a bheith cinnte an ionann iad. Fágann sé sin go bhfuil blas domhain rúndiamhrach ar an dán, blas na mórcheisteanna flaithis agus bailíochta, anuas ar pé ócáid phearsanta, stairiúil nó samhlaithe, a spreag an dán an chéad lá:

> Do chuamar ag siúlóid san oíche,
> Bean agus triúr fear,
> Agus bhí an abhainn ag labhairt léi féin gan faoiseamh,
> Agus cé nár thuigeas a leath
> Dob eol dom go raibh sí lándáiríre . . . (ES 47)

Agus an dán deireanach ar fad i saothar an Ríordánaigh, an dán a cuireadh ag deireadh *Tar Éis mo Bháis*, 'Do Striapach' is teideal dó:

> Do chuais led cheird, is bail ó Dhia ort
> Nár dhein fé cheilt do ghnó, a striapach,
> Is taoi chomh lom anois id intinn,
> Chomh mór gan maíomh gan éirí in airde,
> Gur geall le naomh tú, a bhean gan náire. (TÉMB 50)

Gné eile den chomhshamhlú idir an bhean agus an tír ab ea an striapachas céanna tar éis Imeacht na nIarlaí. Is cuid de chomhthéacs seachtú-haois-déagach na filíochta é go dtugtaí meirdreach ar Éirinn. Fágann sé sin go bhfuil blas níos doimhne ar an dán seo ná sólás pearsanta, nó fiú amháin comhbhá Chríostúil leis an mbean ar dúradh gur pheacaigh sí. Ní rachainn chomh fada lena rá go bhfuil an Ríordánach ag tuar slánú an náisiúin, ach is cinnte gur nóta dóchais é ag deireadh an tsaothair, a ghintear as an macalla a bhaineann sé as tuiscintí seanbhunaithe dúchasacha.

Ní hí an bhean an t-aon chineál amháin pearsan as stóras an dúchais a ghabh an Ríordánach chuige. Agus tharla mé ag trácht ar ball ar an dán 'Éist le Fuaim na hAbann', tá sé tráthúil gné eile de a lua: an t-amhras i dtaobh an fhir nó na bhfear: 'Do chuamar ag siúlóid san oíche, / Bean agus triúr fear' (ES 47). Ní gá a mhíniú do lucht Gaeilge chomh coitianta is atá móitíf an triúr fear mar aonad amháin, go minic deartháireacha. Naoise agus a bheirt dhearthár an sampla is mó i mbéal an phobail. Fágann sé sin blas soiléir na scéalta neamhréalaíocha, nó scéalta iontais, ar an dán.

Tharraing mé aird thuas ar an amhras i dtaobh na mná; anois is furasta macalla ó na seanscéalta a chloisteáil ar an inseoir sa chéad phearsa agus a bheirt chompánach bhalbha, mar a bheadh scáileanna. Ach oiread leis an mbean–talamh, is tairbheach an ní é an mhóitíf dhúchais seo, an triúr ina ndlúthaonad, a chóiriú i ndán nua-aimseartha chun plé a dhéanamh ar théamaí na linne seo, téamaí ar nós cás an duine le meon nó suibiachtúlacht scoilte ina chodanna. Tá sé seo sách coitianta ag an Ríordánach: 'Shiúlas i measc na bpearsantacht / 'Bhí adhlactha i m'aigne' ('Gailearaí', B 34); 'Is mó mé i mise amháin' ('Rian na gCos', B 12); 'Taoi scaipithe id dhaoine' ('Daoine', B 39).

Ní nach ionadh, ní hiad na pearsain thraidisiúnta amháin a chastar orainn faoi chló nua i bhfilíocht Uí Ríordáin. Is cloch choirnéil thraidisiúnta de chineál eile í comhbhá an dúlra, agus í lán chomh tábhachtach céanna. Ar an gcuid is soiléire, in 'Adhlacadh Mo Mháthar', feidhmíonn an talamh ina reilig reoite mar aisfhreagairt dá chumha féin, go háirithe, mar a luadh thuas, toisc go gcuirtear é sin os comhair an léitheora mar bhriathar, mar athrú: 'thit an Meitheamh siar isteach sa Gheimhreadh'. Bhí cur chuige fíor-Rathailleach ag an Ríordánach. Bhí luí ag an

Rathailleach le stoirm agus le scread na gaoithe mar chomhartha ar chomhbhá an dúlra. Má léitear an aimsir i saothar an Ríordánaigh faoin solas traidisiúnta sin, tá sé suntasach gur teirce go mór na tagairtí don duifean i dtreo dheireadh a shaothair. Tá *Eireaball Spideoige* ag cur thar maoil le stoirmeacha is báisteach is ceo; tá i bhfad níos lú de i m*Brosna*; tá *Línte Liombó* ciúnaithe síos go mór, agus faoina dheireadh, cuirim i gcás sa dán 'Oíche Ghealaí', tá síocháin áirithe ann, mar a bheadh an aimsir féin sáraithe aige ('San áit nach solas ná doircheacht, / Tá sléibhte fairsinge, / Is réimsí farraige') (LL 32); tá fíorbheagán drochaimsire in *Tar Éis mo Bháis*, agus faoin dara dán deireanach 'An Eochair', tá fiú amháin gathanna gréine ag soilsiú eochair chaillte an dorais, rud nach luaitear ar a shon féin, ach mar a bheadh an domhan cruthaithe ag cabhrú leis na daoine a chaill an eochair chéanna. Freagraíonn an ciúnú seo go gléineach don trá a tháinig ar fhearg an fhile féin le himeacht ama (Nic Ghearailt 1988: 97).

Faoin am go raibh an Ríordánach ag saothrú filíochta, bhí deireadh cuid mhaith le gradam traidisiúnta an fhile Ghaeilge, stádas ar tháinig claochló agus maolú air ó ré na scol isteach sa seachtú agus san ochtú haois déag. Ní shéanfadh éinne, go bhfios dom, go raibh stádas ard de chineál áirithe – mar fhilí – ag Aogán Ó Rathaille agus go leor eile d'fhilí na Mumhan, cé nár stádas é a ghnóthaigh maoin an tsaoil dóibh. Ar ndóigh mhair an meas ar an bhfile, agus go háirithe ar dheisbhéal an fhile, anuas tríd an naoú céad déag go dtí an lá inniu féin sna Gaeltachtaí. Amhráin faoi ghnóthaí poiblí áitiúla, agus amhráin ghrá, is mó a bhí i gceist sa nuachumadóireacht in aimsir an Ríordánaigh. Ní hin an cineál file é Ó Ríordáin féin, áfach. I mbeagán focal, níorbh aon ról traidisiúnta de chuid na bhfilí Gaeilge a thóg sé air féin, ach, mar sin féin níor fhan sé beag beann ar thuiscintí traidisiúnta na Gaeilge maidir le ról an fhile, ach a mhalairt: bhunaigh a shaothar comhrá leis an traidisiún agus rinne sé athchóiriú luachmhar ar roinnt de na seantuiscintí faoi ghnó na filíochta.

An pheirspictíocht ó lár an chéid seo caite, sna daichidí agus sna caogaidí, gur rud réabhlóideach é cumas agus údarás na heaglaise a cheistiú, is peirspictíocht neamhstairiúil é sin nach gcuireann san áireamh na díospóireachtaí idir Pádraig agus Oisín. Tá a fhios againn go bhfuil comórtas ann i saol na Gaeilge, comórtas beo, agus comórtas ón tús, idir an sagart agus an file, agus tógann an Ríordánach ar an gcomórtas sin. Is é 'Cnoc Mellerí', lena chur is a chúiteamh, a shiar is aniar, an sampla is mó le rá. Tá an dá áiteamh tugtha aige .i. áiteamh Phádraig agus áiteamh Oisín, thar a bheith nua-aimseartha aige sa mhéid is go bhfuil an dá ghuth laistigh dá intinn féin seachas a bheith á bpearsantú sa dá phearsa eile. Ar an iomlán, cé gur mhínigh an Tuamach gur ghéill an Ríordánach sa deireadh thiar don eaglais, is féidir roinnt gnéithe éagsúla den chomórtas a aithint ina chuid filíochta a bhaineann macallaí as an gcomórtas traidisiúin ach a sháraíonn é, freisin, trína bheith níos radacaí ná aon rud go bhfios domsa a chuaigh roimhe.

Tá sé radacach sa Ghaeilge an focal 'paidir' a thagairt d'fhéiniúlacht an duine féin, fiú más faoi anáil Hopkins é (spéisiúil go leor, sagart é féin), mar a luann an Ríordánach os ard sa réamhrá le *Eireaball Spideoige*. De réir na beirte acu, má bhíonn duine ionraic agus dílis dó féin ('crying what I do is me, for that I came') go ndéanann sé sin Críostaí maith de freisin. Más ionann an phaidreoireacht agus an dílseacht duit féin, cuirtear an deighilt idir an saol saolta agus an creideamh Críostaí ar ceal. Ach téann Hopkins níos faide fós, agus Críost a dhéanamh de féin: 'Acts in God's eye what in God's eye he is – Christ'. Cé nach léir dom cé acu á léamh go meafarach nó go litriúil atá an Ríordánach, tagann sé leis an tuiscint sin de chuid Hopkins gur paidir is ea dílseacht an duine dó féin agus leis an tuiscint gur Críost é an duine céanna freisin. Tá an méid sin soiléir ón réamhrá le *Eireaball Spideoige*. Tá insintí eile istigh sna dánta ar an gcomhshamhlú le Críost, cuirim i gcás scéal na spideoige féin in 'Adhlacadh Mo Mháthar'. (Bhí an spideog chéanna chomh tábhachtach sin gur bhronn sí a theideal ar an leabhar iomlán.) Tá sé sa bhéaloideas gurbh í fuil Chríost a d'fhág dath dearg ar bhrollach na spideoige, nuair a rinne sí iarracht ar na tairní a tharraingt amach as agus é ar an gcrois. (Féach freisin Ó Dochartaigh 1982, 1987). Tugann 'Adhlacadh Mo Mháthar' é seo chun cuimhne ar bhealach a thugann le fios go bhfuil an Ríordánach ('mise' an dáin) á shamhlú féin le Críost, le pian deilge, a dtagann an spideog ina dhiaidh sin lena leigheas:

Le gach focaldeoch dár ólas
Pian bhinibeach ag dealgadh mo chléibhse,
Do bhrúigh amach gach focal díobh a dheoir féin. (ES 56)

Gné eile den phróiseas céanna, sílim, an sealbhú atá déanta aige ar theanga na Críostaíochta chun labhairt faoi rudaí eile. In 'Fill Arís' mar shampla, is ag tagairt don chultúr Gaelach atá sé: 'Fág ... a bhfuil d'aois seo ár dTiarna ... Dein d'fhaoistin ... Ní dual do neach a thigh ná a threabh a thréigean' (B 41). Glacann sé pearsa Chríost air féin uair amháin eile anseo trína rá, i bhfocail Chríost féin: 'Buail is osclófar'.

Feicim rian eile de ról traidisiúnta an fhile Ghaeilge ar an neamhphearsantacht údarásach lena labhrann guth na ndánta go minic. Tá sí seo le cloisteáil go fiú is nuair a labhrann an guth sa dara pearsa, mar a tharlaíonn sách minic in *Brosna*, agus ní léir mórán cé acu an le duine eile atá sé ag caint, nó leis féin. Tá blas ann freisin den tríú guth a dtagraíonn Denis Donoghue (1982: 13) dó: guth an phobail. '[T]he common voice of Dublin' a thugann Donoghue air seo i gcás sliocht áirithe as *Ulysses* le Joyce, ag tagairt don chineál dioscúrsa a chruthaítear sna nuachtáin. Caint phoiblí atá i gceist aige, gan aon duine faoi leith mar ghuth ná foinse. Gaois an phobail atá i gceist. I gcás an Ríordánaigh, má tá guth poiblí ann, is meascán é de ghaois agus d'urlabhra na heaglaise ar an láimh amháin, agus de sheanfhocail na Gaeilge (Féach Ó Dúshláine 1987.) Tá samplaí le feiceáil in 'Múscail Do Mhisneach', gan trácht ar mhacalla an Haicéadaigh: 'feighil do mhaitheas-sa, is chífir uait / Rón sa bhfarraige mar impire' (B 19); in 'Fill Arís': 'Ní dual do neach a thigh ná a threabh a thréigean', 'Buail is osclófar' (B 41); in 'Ná Fan': 'Ná fan le malairt aigne, / Ní fhanfar leat má fhanann tú, / Ná fan le ham tráthúil, / Ná bíodh do shúil / Le briathra beannaithe (LL 43)'; agus in 'Joyce', cé go ndéanann sé é féin a chomhshamhlú le Joyce, 'Tá sé ina chuid díom chomh dearfa / Le soiscéal Chríost nó an aibítir' (TÉMB 21), níl aon chomhchainteoir faoi leith ann, ach b'fhéidir é féin. Sa mhéid go bhfuil moltaí sa mhodh ordaitheach ann, is geall le gaois phoiblí iad a d'fhoghlaim sé ó cheardaíocht Joyce, agus ní comhrá le héinne : 'Goid gach bob as leabharaibh, / Aimsigh feall fuaraigeanta, / Bí id Shátan Beannaithe, / Is coinnealbháigh an farasbarr.' (TÉMB 22).

Ag leanúint ón bplé atá díreach déanta agam faoin modh ordaitheach, buailim ar aghaidh anois chuig ábhar níos pearsanta, is é sin, an gaol idir an mise agus an domhan mór amuigh ansin, bíodh sin le tuiscint mar 'tusa' sa dara pearsa nó mar 'é' nó 'í' sa tríú pearsa.

Má ghearr an Ríordánach áit amach dó féin mar fhile Gaeilge trí thréithe a chruthú ina shaothar a bhaineann ar bhealach allabhrach le húdarás traidisiúnta an fhile agus an tsagairt, bídís i gcomórtas le chéile nó á n-aontú le chéile, tá léamh eile fós le déanamh ar an ról sin a chruthaigh sé dó féin. Tá sé mar a bheadh an glór údarásach bardach / sagartúil á chothú aige in ionad glóir níos pearsanta. Tá an glór sa dara pearsa ar iarraidh ar fad, nach mór, ainneoin gur glór é a mbeifeá ag súil lena chloisteáil ón Ríordánach i ngeall ar an mbéim shuntasach a leag sé ar an gcomhbhá. Is mar sin a bhí aige, san fhilíocht ach go háirithe: ag santú comhthuisceana, ach gan ach fíorbheagán de ghaol pearsanta daonna sa dara pearsa cruthaithe aige.

Is í an dara pearsa uatha is spéis liom, agus dá bhrí sin sciorraim thar an uimhir iolra, is é sin le rá, thar na dánta ina labhrann sé go díreach agus go humhal le filí a chuaigh roimhe ('A Sheanfhilí, Múinídh Dom Glao', ES 36); nó go tairctisiniúil leis 'na daoine' ('Saoirse', ES 100); nó le fonn fial comhluadair ('Na Blascaodaí', ES 94); nó é francaithe, á rá lena chairde sa dán 'Dom Chairde' (LL 41): 'Cuireann sibh olc orm agus ní gan fáth'. Tá an chaint sa dara pearsa uatha teoranta cuid mhaith don chineál cainte a pléadh thuas .i. an chomhairle ghinearálta – caint sheanfhoclach, dá ndéarfainn é – atá dírithe ar 'tusa' neamhphearsanta. Leagan é seo, cuid mhaith, den 'tríú glór', an glór neamhphearsanta, ar thagair mé dó ar ball, agus a chuirtear i bhfocail go minic trí mheán an mhodha ordaithigh. Uaireanta, freisin, cé go bhfuil an chaint sa dara pearsa, is ag caint le réimsí éagsúla dá intinn féin a bhíonn sé.

Is fiú roinnt samplaí a lua. Sa dán 'Cuireadh' ní léir cé leis nó léi a bhfuiltear ag caint, agus fágann an easpa sin eolais go bhfuil blas beagnach díphearsantaithe ar an gcomhchainteoir, cé go mb'fhéidir go bhfuil blas éigin collaí ar an eachtra a shamhlaíonn sé:

Ba mhaith liom tráthnóna do chaitheamh leat,
Is leoithne ag seinm id ghlór,
Tá staonadh na naomh i ngach peaca leat,
Is paidir diamhasla id bheol. (ES 44)

Sa véarsa deiridh tugann sé 'a chuisle' air nó uirthi, rud atá an-ghar dó féin, agus ní d'éinne eile. Le príosúnach a labhrann sé sa dán dar teideal '????': 'An bhfuilimse ad choscadh, / A chime úd, am bhíogadh / Ar pháirceanna an aoibhnis?' (ES 98), agus sa chás seo, 'smaoineamh' is ea an comhchainteoir-príosúnach. Is cosúil gur ag caint faoi féin go bunúsach atá sé, an bhuneithne sin dá phearsantacht féin atá scoite amach uaidh agus a bhfuil sé á shamhlú le smaoineamh de chuid dia éigin, is cosúil, ach ní léir an dea-smaoineamh nó drochsmaoineamh é.

Is ag fíordheireadh an dáin 'Oíche Ghealaí' a chuireann sé forrán ar dhuine éigin eile, agus féach gur sa mhodh ordaitheach a dhéanann sé é. Tar éis cuntais i líne is fiche (línte gairide) ag cur síos ar an spéir agus go háirithe ar an ngealach, deir an phearsa, agus liomsa an bhéim, 'Múch i scamall í, / Is *ragham* don tigh.' (LL 32). Cúpla líne roimhe sin tá 'B'fhearr *linn* folaithe / An áilleacht obann seo' a thugann le fios den chéad uair go mb'fhéidir go bhfuil compánach ann ina theannta, ach tá an blaiseadh beag sin ar mhothúchán daonna agus ar chomhluadar, tá sé báite agus caillte sa chuntas fada ar an domhan lasmuigh. Ní haon saoradh iad na línte deireanacha, a fhéachann le smacht a fháil ar an domhan agus ar an duine eile araon ('Múch i scamall í . . .'). Gach seans nach bhfuil éinne eile le samhlú againn ann, mar tá an t-ordú gan chiall (an ghealach a mhúchadh), mar a bheadh baothmhian, agus tá an t-iomlán ag teacht go breá le duine a bheadh ag caint leis féin, agus, go deimhin, le nós na bhfilí Gaeilge anallód tagairt dóibh féin le foirm iolrach ach le ciall uatha.

Dán eile é 'Éadóchas' atá lán d'orduithe. Dán frith-aiséiríoch é, cráite ag an mbás, ag tosú amach le bás Chríost agus ag dul ar aghaidh chuig bás a mháthar féin, is cosúil: 'Níl éinne sa tuama ag freastal / . . . Ná glaoigh ar an rud tá imithe, . . . / Is bodhaire ag séideadh ó neamh; . . . / Is lámh chaoin i dtuama á lobhadh,' (ES

103-104). Tá an chéad leath, is é sin na chéad cheithre véarsaí, scríofa sa dara pearsa, ach níl aon chaint sa chéad ná sa dara pearsa sa dara leath. Seans go rachadh sé dian ar léitheoirí cur síos ar dhianmhothúchán a léamh ach gan éinne luaite leis: 'An aisling *dob ansa* á lobhadh, / I dtuama san intinn istigh;' (Is liomsa an bhéim.). Fiú sa chéad leath, is léir gur ag caint leis féin atá pearsa an dáin, mar a bheadh iarracht á déanamh ar chomhairle a leasa a thabhairt dó féin, agus gan aon dóchas baoth a choinneáil: 'Ná glaoigh ar an rud tá imithe, / Ná hiarr ar an bhfírinne sos, / Ná hiarr ar an Slánaitheoir aisling, / Níl déirc ins na Flaitheasaibh duit.' Tá sé ag caint leis féin arís in 'An Silhouette', ach an uair seo lena 'shilhouette' féin. 'Tá duine dubh romham ar an mbinse / Idir mé agus scéal an scannáin / . . . Is mise tú, a shamhailt am chrá,' (ES 112).

Fiú sa chás go labhrann sé go díreach le Dia, is ag déanamh achainí atá sé, mar a bheadh iarratas ar údarás. Ní caidreamh cothrom mise–tusa é. Sin é atá i gceist in 'Sa Séipéal Dom': 'A Thiarna iarraim ort é chasadh ar ais, / An smaoineamh chailleas ar mo shlí isteach.' (LL 18) Ní labhraítear go díreach ach le triúr as a n-ainm féin sa saothar. (Ní áirím a mháthair; tabhair faoi deara, murab ionann agus na caointe traidisiúnta, nach labhrann sé go díreach léi.) An triúr a ainmnítear, beirt pháistí óga agus bean amháin de chuid na staire: Aodh Ó Tuama 'arna theacht ar an saol dó', in 'Taoi Tagaithe, a Aodh' (TÉMB 39); Colm, 'mac Shéamais uí Mhurchú, dealbhóir' in 'Colm' (B 31); agus Eibhlín Dubh Ní Chonaill in 'Athmhúscailt na hÓige' (TÉMB 43). Le gadhar a labhrann sé in 'Tar Éis Dom É Chur go Tigh na nGadhar' (LL 30).

Téann sé i muinín an mhodha ordaithigh chomh minic sin, gurb é sin an príomhghléas cumarsáide atá aige sa dara pearsa. Go síceolaíoch, tá sé seo gann ar an idirphearsantacht, ar an bhfíorchaidreamh cothrom daonna, agus d'fhéadfadh sé a bheith ar imeall an uathachais. Is cinnte go bhfuil sé ag teacht leis an meon coimhthíoch, scoite, nua-aimseartha, 'Eorpach'. Ach tá mé tar éis a thaispeáint, tá súil agam, go bhfuil fréamhacha aige in áras traidisiúnta na Gaeilge, go sainniúil i ról traidisiúnta údarásach an fhile / sagairt.

Sa chomhthéacs sin, tá sé íorónta go maith go bhfuil an chomhbhá chomh lárnach sin ina chuid filíochta go bhfuil glactha ag an bpobal leis gurb í bunchloch a shaothair í. Ar ndóigh is é an réamhrá le *Eireaball Spideoige* an *locus classicus*: 'bheith fé ghné eile . . . sin, dar liom, filíocht' agus tá sé seo bunaithe, a deir sé, ar 'bháidh chomh diamhair sin . . go slogtar tú isteach in atmaisféar rud eile . . .' . . . 'is ar scáth a chéile a mhaireann na daoine agus na paidreacha'. Tá corr-ráiteas aige faoi seo sna dánta féin, ráiteas teoiriciúil d'fhéadfá a rá, go háirithe an leagan álainn ach thar a bheith eisceachtúil atá in 'Ní Ceadmhach Neamhshuim' (LL 40). Tá gné shoiléir eiticiúil, leis, sa dán seo arbh fhiú é a mheabhrú ina iomláine, le go mbeidh sé soiléir go ndearbhaíonn sé go bhfuil comhbhá dlite ag an uile dhuine, idir fhir agus mhná, idir an lucht aitheantais agus strainséirí agus na daoine is imeallaithe sa phobal, ag an uile chréatúr beo, agus ag an bpláinéad féin. Ainneoin go bhfuil an chuma ar an dán go bhfuil sé bunaithe ar an modh ordaitheach, ar an dualgas, fiú ar an tseanmóireacht, fós sáraíonn sé an tseanmóireacht thraidisiúnta ar bhealaí suntasacha. Luaim go háirithe a íogaireacht i leith phian na mothúchán, agus a íogaireacht i leith créatúirí nach ndeintí cúram díobh go traidisiúnta (feithidí, plandaí, srl). Níos mó ná iad sin, áfach, tá gné éigin eile ag an dán seo a thugann blas domhain eiticiúil dó, ach nach féidir liom a rá cén ghné í féin. Tá duais ann dó féin freisin, óir de bharr an chúraim i leith nithe eile, dearbhaíonn sé a shocracht féin mar bhall de phobal domhanda, agus a 'bheith istigh' sa chruinne. Sa chás seo, is é an duine eile an searbhónta a fhulaingíonn, is atá ciaptha:

Níl cuil, níl leamhan, níl beach,
Dar chruthaigh Dia, níl fear,
Nach dualgas dúinn a leas,
Níl bean; ní ceadmhach neamhshuim
A dhéanamh dá n-imní;
Níl gealt i ngleann na ngealt,
Nár chuí dhúinn suí lena ais,
Á thionlacan an fhaid
A iompraíonn thar ár gceann,
Ár dtinneas-ne 'na mheabhair.

Níl áit, níl sruth, níl sceach,
Dá iargúlta iad, níl leac,
Bídís thuaidh, thoir, thiar nó theas,
Nár cheart dúinn machnamh ar a suíomh,
Le gean is le báidhíocht;
Dá fhaid uainn Afraic Theas,
Dá airde í gealach,
Is cuid dínn iad ó cheart:
Níl áit ar fuaid na cruinne
Nach ann a saolaíodh sinne. (LL 40)

Ar an iomlán, áfach, agus ag fágáil an dáin fhíorálainn seo as an áireamh i ngeall ar a bheith eisceachtúil, tá íoróin ag baint leis an mbéim a chuireann an Ríordánach ar an gcomhbhá, i bhfianaise a bhfuil ráite agam ar ball faoin easpa cumarsáide sa dara pearsa. Ní fheicim gur fíor-chomhbhá í, ach feiniméan gur gaire é don chomhshamhlú, don chlaochlú draíochta, don tsuibiacht scoilte, nó fiú don tras-substaintiú: 'bheith faoi ghné eile'. Sílim go dteipeann ar an gcomhbhá, ar toradh é, dar leis an Ríordánach, ar an dianmhachnamh (seachas ar an ngrá), agus ainneoin deora a bheith i súile Turnbull nuair a rinne sé comhbhá le brón an chapaill. Luaitear é seo sa réamhrá le *Eireaball Spideoige* agus tugtar aghaidh air arís sa dán 'Malairt':

Agus b'fhollas gur thuig sé chomh maith sin an brón
   I súilibh an chapaill,
Is gur mhachnaigh chomh cruaidh air gur tomadh é fá dheoidh
   In aigne an chapaill.

. . .

D'fhéachas ar Turnbull is d'fhéachas air fá dhó
   Is do chonac ar a leacain
Na súile rómhóra bhí balbh le brón –
   Súile an chapaill. (ES 63)

D'áitigh Seán Ó Coileáin (1982: 4) gurb í an bhreoiteacht an tubaist ba mhó a bhuail an Ríordánach riamh. Áiteamh é seo a bhfuil blas na fírinne air. Tá litríocht fhairsing ann a léann an tinneas fisiceach mar airí de thinneas eile a bhfuil bunús síceolaíoch aige (mar a mhíníonn Caoimhín Mac Giolla Léith ina aiste féin sa chnuasach seo). Baineann taighde François-Bernard Michel le hábhar sa chomhthéacs seo. Rinne sé iniúchadh ar shraith de mhórscríbhneoirí na Fraincise agus tháinig ar an gconclúid gur teanga ann féin is ea an bhreoiteacht anála, bealach le rudaí a rá nach féidir a chur i bhfocail. Is cinnte go bhfuil an caidreamh oscailte idirphearsanta ar cheann de na rudaí daonna is mó nár éirigh leis an Ríordánach a chur i bhfocail, ina chuid filíochta ach go háirithe. (Ní rachainn chomh fada lena rá, áfach, go bhfeicim aon fhianaise sa saothar fileata ar an ráiteas sa dialann aige: 'Is amhlaidh atá m'aigne ciapaithe ag an ngangaid agus ag an bhfuath.' (Nic Ghearailt 1988: 71)) B'fhéidir gur gaire é do ráiteas eile dialainne: 'Ba mhó liom focail ná daoine agus anois táim fágtha ar na dtráigh fholamh' (Ó Coileáin 1982: 404).

Ach fiú anseo, ainneoin na macallaí atá iniúchta agam as traidisiún fada na filíochta, agus ainneoin an dáimh a bhraith sé le filí a chuaigh roimhe, fós bhí sé sásta go leor a bheith beag beann ar aon traidisiún, ar aon chomhluadar. (Féach plé air seo ag Nic Ghearailt 1988: 89.) Seans maith go bhfuil an leagan den chomhbhá a chruthaigh sé go fileata ag teacht leis an gclaonadh i dtreo an mheafair aige a thaispeáin Caoimhín Mac Giolla Léith (1993), ach is fada é ón gceangal daonna is bunús leis an mheatonaime, agus le traidisiún fileata na Gaeilge trí chéile, a bhfuil an ceangal idir daoine chomh domhain is chomh lárnach ann.

Anam Chráite an Ríordánaigh:
Fealsúnacht, Creideamh
agus Collaíocht

CAITRÍONA NÍ CHLÉIRCHÍN

Is minic a thagann saothar ealaíne as neamhdhaingne, pian, fulaingt, nó easpa éigin a mhothaíonn an t-ealaíontóir. Cuireann easpa mar seo i dtreo na healaíne sin é, chun iarracht a dhéanamh castacht a chuid mothúchán a chur in iúl. Tá sé seo fíor i gcás Sheáin Uí Ríordáin agus é ag cumadh filíochta i lár an fichiú haois, mar ba dhuine é a bhí scoite amach ón ghnáthphobal mar gheall ar an eitinn a bheith air. Thug an bhreoiteacht seo air dul i leataobh leis féin an chéad lá agus chiontaigh sé í ina uaigneas, ach de réir a chéile thuig sé gur ar mhaithe lena ghairm a chleachtaíodh sé an t-uaigneas céanna. Dar leis gurbh istigh ann féin amháin a bhí fáil ar a chló ceart.

'Leagan dár bpaidir is ea an corp cré ata umainn,' a deir sé sa réamhrá in *Eireaball Spideoige* (1952: 13). Níl creideamh iomlán sa chorp aige féin, áfach, agus bíonn sé de shíor á chéasadh féin le nóisean den 'drúis' agus den 'pheaca'. Labhraíonn sé faoin chorp a bheas umainn tar éis an aiséirí: 'Agus níl sa chorp cré atá umainn ar an saol seo i gcomórtas leis ach pleist'. Tagann an phianpháis ar fad ón scoilt seo idir anam is corp. Mar a deir Liam Ó Muirthile ina aiste 'Cuair an Ghrá': 'Chaithfeadh cuair na filíochta teacht as an gcorp, a bheith collaí, dólásach' (2006: 140). Cad chuige nach dtig leis a bheith collaí agus sólásach san am céanna?

Tá a phearsantacht fhileata imdhruidte le stoirmeacha, le dorchadas, le hainmhian, le crá collaí agus le breoiteacht. Feictear rian an-láidir de neamhdhaingne agus d'easpa éigin ina chuid filíochta. Bíonn sé ag iarraidh ciall a bhaint as an saol, teacht ar bhuneisint rudaí agus cinnteacht áirithe a aimsiú, ach tá deacrachtaí aige le cúrsaí creidimh, agus chomh luath agus a aimsíonn sé cinnteacht faoi leith, séanann sé í. Géaraíonn an choimhlint chultúrtha idir an dá theanga an neamhsheasmhacht shíceolaíoch seo.

Tagann filíocht nuaíoch den scoth as an choimhlint seo idir an dá theanga atá ag an Ríordánach. Sa dán 'An Ghaeilge Im Pheannsa' (B 9), labhraíonn sé leis an teanga. Tá sí roghnaithe aige cé gur teanga imeallach í, le hais an Bhéarla. Is ag iarraidh máistreacht a fháil ar an Ghaeilge atá sé, ionas go mbeidh fírinne ina chuid scríbhneoireachta agus é ábalta breith ar a chló ceart féin trína meán. Tá faitíos air áfach, nach bhfuil sa Ghaeilge ina pheann ach 'teanga bhocht thabhartha gan sloinne'. Tá sé le tuiscint gur rud baineann í an Ghaeilge agus gurb í céile dlisteanach Uí Ríordáin í.

> Dhá chíoch bhfuilid agat?
> Pé cuma ina luífeá,
> Arbh aoibhinn an t-amharc? (B 9)

Céiliúrann sé áilleacht nocht na teanga anseo, nuair a shamhlaíonn sé í mar bhean álainn. Cuireann sé ceisteanna ar an teanga:

An leatsa na briathra
Nuair a dheinimse peaca?
Nuair is rúnmhar mo chroíse
An tusa a thostann?

. . .

Do mhalairt im chluasaibh,
Ag súrac atáirse
Ón striapach allúrach, (B 9)

Is é an Béarla atá i gceist aige leis an 'striapach allúrach', a
chruthaíonn teannas idir é féin agus an Ghaeilge. Tá sé soiléir go
bhfuil caidreamh casta aige léi. Ba mhaith leis a bheith dílis don
Ghaeilge amháin, ach tá sé ag tógáil smaointe ó litríocht an
Bhéarla agus ag iarraidh iad a bhrú isteach sa Ghaeilge agus níl an
locht uirthi muna bhfuil sí gan smál.

Is sínim chughat smaointe
A ghoideas-sa uaithi,
Do dhealramhsa a chímse,
        Is do mhalairt im shúilibh. (B 10)

Chímid rian an-láidir den teannas teangeolaíochta sa dán seo. Tá
codarsnacht shuntasach idir áilleacht na Gaeilge agus suarachas
na striapaí. Léirítear an chastacht a bhí ina chuid caidrimh le mná
go ginearálta. Cuireadh dhá chonstaic roimh an dúil nádúrtha i
mná a bhí aige: an tsláinte a bheith go dona aige, agus rialacha na
heaglaise maidir le cúrsaí gnéis. Feictear rian den choimpléacs
ciontachta Caitliceach agus 'eagla an pheaca' ní hamháin sa dán
seo ach tríd síos an fhilíocht ar fad aige. Anseo, tá neart athbhrí
agus sanais chollaíochta le sonrú, mar shampla an dlúthbhaint idir
nóisean an striapachais agus an Béarla.
    Sa dán 'A Theanga Seo Leath-Liom' (B 25) cuirtear síos ar an
Ghaeilge arís mar bhean álainn atá doiligh a fháil, chan cosúil leis

an striapach allúrach: 'Cé nach bog fed chuid a bhraithim tú'. Is léir go bhfuil coimhlint idir striapach an Bhéarla a deir 'Bí liom' agus an Ghaeilge, nach mbeadh sásta a cuid a thabhairt amach go flaithiúil d'fhear ar bith. Toisc nach bhfuil máistreacht iomlán aige ar an Ghaeilge, níl sí ach leath-leis; tá cumhacht ag mealltacht an Bhéarla air. Bheadh sé i bhfad níos fusa í a fháil, ach má ghéilleann sé don striapach seo, goidfear an Ghaeilge uaidh. Sa deireadh, áfach, taobhann sé leis an Ghaeilge. Tá sé ar intinn aige máist-reacht a fháil uirthi toisc nach 'meileann riamh leath-aigne'.

Tá eagla air nach mbeadh sé choíche ach sórt leathlíofa sa Ghaeilge, agus toisc gur tógadh é sa Bhreac-Ghaeltacht is dócha gur bhraith sé nach raibh ceachtar den dá theanga aige go hiomlán. Feictear eagla anseo roimh an neamhiomláine, an easpa, an duibheagán seo agus géaraíonn sé an phian a bhraitheann sé agus é ag iarraidh breith ar a chló ceart, ar chiall éigin sa domhan seo agus ar an nádúr bunaidh atá ag nithe an tsaoil seo. Tá macalla an-láidir na collaíochta sa dán, go háirithe sa líne 'Caithfeam dul ionat'. Ní hé amháin go bhfuil teannas teangeolaíochta agus cultúrtha anseo, tá teannas collaí ann fosta.

Tugann sé 'Gleann na nGealt' ar an Ghalltacht sa dán 'Fill Arís'. Is léir gur imeartas focal é a mhúsclaíonn nóisean de ghealtacht na Galltachta. Dar le Ó Ríordáin gur rud mínadúrtha do na Gaeil é a bheith ag labhairt Béarla agus gur iompar gan chiall atá i gceist leis.

Do theanga a chuaigh ceangailte i gcomhréiribh
'Bhí bunoscionn le d'éirim (B 41).

Cuireann sé síos ar an Bhéarla mar rud diúltach, mar 'ualach trom', mar shrathair. Rud salach, ciotach. Peaca nó tréigean a chuireann bac ort an tusa ceart a aimsiú. Caithfear a bheith dílis don Ghaeilge agus dúinn féin, dar leis. Chaill muid ár bhféiniúlacht chultúrtha toisc muid a bheith faoi 'srathar shibhialtacht an Bhéarla.' Dar leis go gcaithfidh muid gabháil trí phróiseas glantóireachta nó íonaithe, go bhfuil muid truaillithe ag an Bhéarla agus deir sé linne léitheoirí agus leis féin.

Nigh d'intinn is nigh
Do theanga
. . .
Dein d'fhaoistin. (B 41)

Is dán athbhríoch é seo ar leibhéal amháin mar tá caolaigeantacht ag baint le d'intinn a dhúnadh ar rud ar bith, agus ar deireadh thiar thall nach cuid de mhórlitríocht an domhain iad saothair 'Shelley, Keats is Shakespeare'? Nach íonú iomarcach, beagnach mire, ata i gceist anseo? Cuirtear an choimhlint ghéar idir an dá theanga in iúl dúinn go cruinn, cumhachtach. Iarrann sé orainn gan fealladh ar an teanga agus ar ár gcultúr féin.

Fill arís ar do chuid,
. . .
Ní dual do neach a thigh ná a threabh a thréigean. (B 41)

Baineann mórthábhacht le téama na mídhílseachta agus na fealltóireachta. Comhairlíonn sé dó féin dul go Corca Dhuibhne, áit a bhfuil an Ghaeilge folláin. Cruthaíonn sé atmaisféar suaimhneach, aoibhinn agus é ag tagairt don áit ina labhartar an Ghaeilge go bríomhar, líofa, ceolmhar.

Téir faobhar na faille siar trathnóna gréine go
    Corca Dhuibhne,
Is chífir thiar ag bun na spéire ag ráthaíocht ann
An Uimhir Dhé, is an Modh Foshuiteach,
Is an tuiseal gairmeach ar bhéalaibh daoine:
        Sin é do dhoras.
        Dún Chaoin fé sholas an tráthnóna,

Buail is osclófar
D'intinn féin is do chló ceart. (B 41)

Is doras í an Ghaeilge anseo, agus baineann sanais dhearfacha le nóisean an dorais agus na hoscailte. Músclaíonn sé smaointe ar fhéidearthachtaí agus ar fhionnachtana nua. Áitíonn sé air féin nach dtig leis breith ar a chló ceart ná ar bhuansheasmhacht éigin go dtí go ndéanann sé dearmad ar thorthaí crapallacha an Bhéarla air. Tá sé ag iarraidh gan aird a thabhairt ar an mhéid a dhlíonn a chló ceart do shibhialtacht an Bhéarla agus ar a dhodhéanta is a bheadh sé é féin a shaorú go hiomlán ó litríocht an Bhéarla. Bhí an-tionchar ag scríbhneoirí cosúil le Hopkins agus Yeats ar a shaothar, áfach, agus tionchar dearfach a bhí ann a chuir le nuaíochas agus le sainiúlacht na filíochta aige. Ní mar sin a amharcann sé féin ar an scéal, áfach, agus dar leis go mbeidh an t-aon leigheas ar 'ghalar' an Bhéarla le fáil sa Ghaeltacht, cé gur leigheas neamhbhuan a bheidh ann.

Leis an chéad véarsa den dán 'Adhlacadh Mo Mháthar' tugtar muid isteach i dtimpeallacht nach ndeachaigh filíocht na Gaeilge inti roimhe seo.

Grian an Mheithimh in úllghort,
    Is siosarnach i síoda an tráthnóna,
Beach mhallaithe ag portaireacht
    Mar screadstracadh ar an nóinbhrat. (ES 56)

Tá samhlaoidí spleodracha airgtheacha anseo agus an comhfhocal 'screadstracadh'. Cuirtear smaointe, teicnící, foclóir agus comhréir an-sainiúil romhainn. Comhnascann sé teicníc drámata traidisiúnta le teicnící agus le híomhánna nua-aimseartha a théann i ngleic le coimhlint teangeolaíochta, chollaí agus chreidimh:

Le cumhracht bróin do folcadh m'anam drúiseach'. (ES 56)

Bhí bás a mháthar an-tábhachtach dá fhorbairt fhileata agus is dócha gur chuidigh sé leis na deacrachtaí teangeolaíochta agus síceolaíochta a bhí ag cur bac lena shaothar roimhe seo a shárú. Tá grá láidir curtha in iúl dúinn agus níl aon fhealsúnacht ábalta a bhrón a laghdú. Nochtar an éadairbhe a mhothaíonn sé leis an líne 'Ba mhaith liom breith ar eireaball spideoige.' Tá a mháthair caillte go deo aige agus ní thig leis rud ar bith a dhéanamh faoi dtaobh de. Leanann sé ar aghaidh ag streachailt leis an saol, ag iarraidh breith ar bhuansheasmhacht éigin, ar chreideamh nó ar dhuine a thabharfadh ciall dá shaol, agus tá an chuid is mó de na dánta dírithe ar an aidhm seo.

Agus é ag iarraidh teacht chun réitigh lena bhuneisint casann sé ar neart frithráite agus paradacsaí. Tá sórt scoilte ina phearsantacht scríofa: idir a chló ceart agus a chló bréagach seachtrach, idir an duine príobháideach agus an duine mar bhall den phobal, an spioradáltacht agus an dúil nádúrtha, an Ghaeilge agus an Béarla. Téama uilíoch é an nóisean seo de dheighilt nó de 'dédoublement' agus an dá thaobh a bheith sa duine daonna. '. . . Il y a cette portion de nous qui est, pour ainsi dire, spectacle de l'autre,' a deir an scríbhneoir Francach Benjamin Constant in *Adolphe* (1957: 24).

Feictear na frithráite agus na paradacsaí seo go soiléir sa dán 'Saoirse' (ES 100). Iarracht ar shaoirse phearsanta a bhaint amach atá i gceist anseo. Tá an teanga féin mar uirlis aige agus é ag iarraidh teacht ar an tsaoirse. Téann sé i ngleic le teorainneacha na teanga chun í a bhaint amach. Rud beo, rud a athraíonn, rud a thagann faoi thionchar na mothúchán atá i dteanga ar bith agus mar sin is uirlis lochtach í chun tú féin nó do choinsias a iniúchadh. Déantar an t-iniúchadh sin níos casta fós do Sheán Ó Ríordáin toisc go bhfuil an dá theanga aige. Is dán fealsúnachta é seo agus, ar nós saothar ealaíne ar bith, is ceist é. Cuireann sé ceisteanna faoi nadúr na saoirse féin.

Tá sé 'ag lorg daoirse', teorannú, cúngú in áit na 'binibshaoirse'. Paradacsa é seo a cheistíonn brí féin an fhocail 'saoirse'. Bíonn sé ag iarraidh éalú ón tsaoirse seo toisc go bhfuil nimh inti. Baineann sí le huaigneas, le hamhras, scrúdú coinsiasa agus féininiúchadh pianmhar. Ag éalú uaidh féin atá sé agus ón inbhreithniú diúltach. Tá an file ag iarraidh srian, ord, eagar, cinnteacht agus teorann éigin. Dar leis go bhfuil sé i bhfad níos fusa éisteacht leis na 'scillingsmaointe', 'macsmaointe', 'snabsmaointe', 'macrud', 'leis an fhocal bocht coitianta' ná dul i ngleic leis féin.

Léirítear easpa measa ar smaointe an ghnáthphobail, ar an 'chomhthuiscint . . . / Do chomhiompar comhdhaoine, / Don chomh-mhacrud.' Úsáideann sé tón uiríseal agus é ag caint ar dhaoine an phobail, pobal óna bhfuil sé féin scartha. Cuireann sé béim ar a lagmheasarthacht, a ngnáthaíocht agus ar a suarachas. Tá siad gafa le hairgead agus le rudaí beaga ábhartha nach bhfuil tábhachtach. Tógfaidh sé céim síos chun dul i measc na ndaoine seo.

> Raghaidh mé síos i measc na ndaoine
> De shiúl mo chos,
> Is raghaidh mé síos anocht.

> Raghaidh mé síos ag lorg daoirse . . . (ES 100)

Nuair a luann sé an teampall tá sé mar a bheadh macalla ann ón Bhíobla, macalla ón scéal ar an díbirt a rinne Íosa ar lucht an airgid i mbun a ngnó sa teampall. Faightear macallaí anseo ar ghnáthimeachtaí an tsaoil, ar an chreideamh agus ar na deasghnátha a bhaineann leis. Léirítear teibíocht na saoirse mar rud bagrach, scanrúil, contúirteach agus uaigneach atá cosúil le 'iomar doimhin'.

Níl faoiseamh le fáil uaithi ná aon teorainn ag baint léi. Eagla roimh an fholús agus an duibheagán atá air: 'cnoic theibí, sainchnoic samhlaíochta / . . . Lán de mhianta / Ag dreapadóireacht gan chomhlíonadh . . . cnoca na samhlaíochta . . . Ná faoiseamh le fáil.' Tá macallaí anseo ar an dán 'No worst, there is none' le Gerard Manley Hopkins:

O the mind, mind has mountains; cliffs of fall
Frightful, sheer, no man-fathomed. Hold them cheap
May who ne'er hung there. Nor does long our small
Durance deal with that steep or deep.

Is ionann an saghas 'saoirse' atá aige agus é a bheith gan rud ar bith le cailleadh: 'Is ní saoire ina buile an ghaoth ná an té tá gan solas le múchadh' - ('An Doircheacht', ES 47). Sa dán 'Daoirse', atá mar scáthán ag 'Saoirse', cuirtear fealsúnacht atá paradacsúil, ach loighciúil ag an am céanna os ár gcomhair amach.

Mar domhan is ea an tsaoirse,
Is tír gach daoirse inti,
Is níl laistigh d'aon daoirse
Ach saoirse ón daoirse sin. (B 27)

Is é an fhealsúnacht atá anseo ná nach dtiocfadh leat saoirse a thuigbheáil muna raibh tú riamh srianta, go bhfuil an dá rud fite fuaite lena chéile agus nach dtig leat iad a dheighilt óna chéile nó idirdhealú a dhéanamh eatarthu. I bhfís an Ríordánaigh tá an fhilíocht mar an saol, breac le paradacsaí is contrárthachtaí.

Cuireann an Ríordánach aisteachas agus míréasún an tsaoil in iúl dúinn in 'Oíche Nollaig na mBan'. Tá an bás samhlaithe mar eachtra stoirmiúil, méaldrámata a tharlaíonn i ndomhan mí-réasúnta, gan bhrí. Seans gurb é seo an chéad dán sa Ghaeilge a shéanann eiseadh na síoraíochta agus eiseadh chruthaitheoir ósnadúrtha go hoscailte. Bhain an Ghaeilge leis na comhghnásanna traidisiúnta agus leis an chreideamh Caitliceach, ach anseo glacann an teanga leis an choimhlint phearsanta agus chreidimh.

Cuirtear síos ar an pheaca mar 'solas'. Go traidisiúnta, ba rud diúltach an peaca agus baineann sé le dorchadas, ach cuireann an file béim ar phléisiúr an pheaca nuair a úsáideann sé an focal 'solas'. Is ionann an saol seo agus rince dó, saghas cluiche meidhreach gan mórán céile nó doimhne. Agus nuair atá deireadh leis an rince, sin é. Tá sé an-amhrasach anseo faoi shaol éigin eile a bheith ann. Dar leis, más amhlaidh go bhfuil a leithéid ann, is 'gealt-teach iargiúlta tá lastiar den ré' atá ann.

Tá corp an duine mar a bheadh inneall an ghluaisteáin; nuair a stadann an t-inneall seo, tá deireadh leis an duine. Is siombail den bheatha í an choinneal fosta agus nuair a mhúchtar an choinneal seo tá achan rud thart. Is cosúil go bhfuil sé ag séanadh eiseadh na hanama chomh maith le nóisean den saol eile. Tá sceimhle air roimh an fholús seo atá ag teacht ina threo agus ba mhaith leis go mbeadh stoirm fhoréigneach eile ar siúl taobh amuigh nuair a bheas sé ag fáil bháis, ionas nach mbeadh sé ábalta an folús seo a mhothú.

> Go líonfaí gach neomat le liúirigh ón spéir,
> . . .
> Is ná cloisfinn an ciúnas ag gluaiseacht fám dhéin,
> Ná inneall an ghluaisteáin ag stad. (ES 68)

Tá rithim mire, stoirmiúil agus ceolmhar ag baint leis an dán seo.

Baintear feidhm éifeachtach as uaim agus as fuaimfhoclaíocht sa líne, 'Gur ghíosc geataí comharsan mar ghogallach gé'. Cuirtear fiántas agus fíochmhaireacht na stoirme seo agus na fuaimeanna a bhaineann leis in iúl dúinn le focail ar nós 'scread', 'ghíosc', 'splanc', 'scuaine', 'scread'. Tá foirfeacht agus feabhas an fhriotail le tabhairt faoi deara. Bhí an focal féin mar aonad neamhspleách an-tábhachtach do Sheán Ó Ríordáin. Chuaigh sé ag plé le draíocht an fhocail agus leis an cháilíocht, an cruth, an fhuaim, na cialla agus leis na macallaí ar fad a bhaineann le focal amháin. Bhí sé i gcónaí ag iniúchadh focal agus ag iarraidh teacht ar an fhocal ceart. Shíl sé go dtiocfadh leis teacht ar a bhuneisint agus an easpa a mhothaigh sé a líonadh trí na focail chearta a aimsiú. D'fhulaing sé cuid mhór deacrachtaí agus neamhdhaingne agus é ag lorg a fhéiniúlachta trí uirlis lochtach na teanga. Rinne sé iarracht cruth agus ord éigin a chur ar a chuid mothúchán ach athraíonn focail mothúcháin agus athraíonn mothúcháin focail agus ní soiléir an teorainn atá eatarthu. Mar a deir Cathal Ó Searcaigh: 'Idir an smaoineamh agus an bhriathar, tá dúichí oighir is ceo' (1993: 184).

Dar leis go mbailíonn bunspiorad an duine isteach i bhfocal amháin; mar shampla sa dán 'Súile Donna' is iad súile na mná seo a buneisint cé go bhfuil siad ag a mac anois. 'Nuair b'ionann iad is ise dhom' (LL 10). Ach, uaireanta bhí an fhealsúnacht seo i gcoimhlint leis na mothúcháin is doimhne a bhí aige. Ní raibh sé ábalta é féin a chosaint ón sceimhle a bhí air roimh an duibheagán le córas fealsúnachta ar bith. Léirítear an t-uamhan seo atá air sa dán 'Claustrophobia'. Tá sé spéisiúil go bhfuil teideal Béarla ar an dán. An é go mbraitheann an file nach bhfuil sé in ann é féin a chur in iúl go hoiriúnach sa Ghaeilge nó i dteanga ar bith? An é go mbraitheann sé go bhfuil an folús seo sa teanga á phlúchadh? Sceimhle lom a nochtar anseo, seachas iarrachtaí intleachtúla nó fealsúnachta.

Cuirtear an cnámhscéal os ár gcomhair sna chéad cheithre líne; an choinneal, an dealbh, an fíon, agus an sceon. Spreagann sé íomhánna d'altóir diolba ar a mbeadh sé féin mar íobartach. Níl mórán dóchais aige go mbeadh 'dealbh mo thiarna' ábalta cuidiú leis nó misneach ar bith a thabhairt dó. Léiríonn na línte neirbhíseacha, as anáil, an critheagla atá air go mbeadh an bua ag cumhachtaí an dorchadais, atá bailithe taobh amuigh den fhuinneog.

> . . . shluaite sa chlós,
> Tá rialtas na hoíche
> Lasmuigh den bhfuinneoig;
> Má mhúchann mo choinneal
> Ar ball de m'ainneoin
> Léimfidh an oíche
> isteach im scamhóig (B 13)

Ag deireadh an dáin faigheann sé faoiseamh, ach cuirtear béim ar nádúr sealadach an fhaoisimh seo agus nádúr buan bagartha.

Feictear fulaingt an fhile arís sa dán 'Fiabhras', agus cuirtear tíreolaíocht an fhiabhrais seo romhainn.

> Tá sléibhte na leapa mós ard,
> Tá breoiteacht 'na brothall 'na lár,
> Is fada an t-aistear urlár,
>   Is na mílte is na mílte i gcéin
>   Tá suí agus seasamh sa saol.

> Atáimid i gceantar bráillín (B 26)

Tá an fiabhras seo ag cur achan ghnáthrud atá sa seomra in anchuma dó.

> Tá pictiúir ar an bhfalla ag at,
> Tá an fráma imithe ina lacht,
> Ceal creidimh ní féidir é bhac,
>   Tá nithe ag druidim fém dhéin,
>   Is braithim ag titim an saol. (B 26)

Is íomhá é seo atá cosúil le tromluí, mearú súile nó bréagchéadfa, agus is léir go raibh an file faoi thionchar drugaí nuair a bhí an fiabhras seo air. Domhan osréalach, ina bhfuil achan rud as riocht, a chuirtear os ár gcomhair anseo. Radharc ón fho-chomhfhios ar dhomhan atá ag coscairt is ag leá os comhair a shúl. Tá buntomhais an spáis agus an ama ag dul i léig. Tá sé faoi mar a bheadh an t-am stoptha ar fad. Tá diamhracht ag baint leis an líne dheireanach: 'Is níl ba na síoraíochta chomh ciúin'. Níl an file cinnte nach bhfuil bagairt na síoraíochta ann go fóill.

Cé go bhfulaingíonn sé, níl an file gan a bheith ábalta an greann a usáid mar uirlis an-snoite filíochta. Tá sé seo soiléir ón dán 'An Bás' (ES 69), ina ndeir sé linn go bhfuil barraíocht tábhachta tugtha don eachtra seo agus nach aon chúis sceimhle é.

Bhí an bás lem ais,
D'aontaíos dul
Gan mhoill gan ghol (ES 69)

Tá sé seo thar a bheith cosúil le 'Because I could not stop for Death' le Emily Dickinson mar atá luaite ag Seán Ó Tuama. Samhlaítear an bás mar a bheadh leannán ann agus tá ceangal idir mealltacht na collaíochta is mealltacht an bháis sa dán.

Is go mb'éigean
Domsa géilleadh,
Measaim go dtuigim
Lúcháir béithe
Ag súil le céile,
Cé ná fuilim baineann. (ES 69)

Séanann sé eiseadh na síoraíochta anseo agus níl sé ag súil le Críost, ach le leannán darbh ainm an Bás.

Is dán eile é 'Banfhile' (TÉMB 45), a bhfuil greann dóite ag baint leis. Ní cosúil, áfach, go dtig le bean ar bith sult a bhaint as an saghas grinn a úsáidtear anseo. Tá meafar borb foréigneach den bhanéigean róshoiléir ann. Is léir rian den seobhaineachas agus den bhanfhuath. Ach caithfear cuimhneamh fosta ar an náire ghnéasúil a bhí ar an fhile, ar an easpa caidrimh le bean agus ar an neamhchinnteacht mar fhear agus mar fhile. Ag an am sin bhí cúrsaí ag athrú maidir le háit thraidisiúnta na bhfear sa tsochaí agus is dócha go raibh neamhdhaingne chollaí mar thoradh air seo.

Ní le bean faoi leith atá sé ag caint anseo ach leis an teanga féin. Níl sé ag géilleadh don teanga ná ag ceapadh go dtig léi dán a chur i gcrích í féin agus eisean mar mheán aici. Tá sé á bhlaiseadh agus á triail agus ag déanamh a rogha rud léi, go dtabharfadh sí dán ar an saol. Fuair sé amach nach róbhog fána cuid a bhí sí (B 24). Ní thiocfadh sí as a stuaim féin. Chaithfeadh sé iompar dáin a chur uirthi.

Is ait liom bean a bheith ina file,
Tuigtear dom gur gairm staile,
Cúram fireann, dúthracht raide,
Is ea filíocht a bhaint as teanga:
. . .
Ní file ach filíocht an bhean.
. . .
Is ní file ach neamhní an fear. (TÉMB 45)

Nuair a léitear an líne cháiliúil, chonspóideach sin 'Ní file ach filíocht an bhean', an ag iarraidh rud a áitiú air féin nach gcreideann sé féin ann go fírinneach, nó ag iarraidh a fhearúlacht mar fhile a dhearbhú atá sé? Tá an choimhlint phearsanta agus teangeolaíochta le sonrú anseo agus b'fhéidir go mbraitheann sé ciontach toisc go bhfuil sé ag iarraidh smaointe ón Bhéarla a bhrú isteach sa Ghaeilge agus go mothaíonn sé neamhfhiúntach ina leith. Ba í an fhilíocht an rud ba thábhachtaí don Ríordánach, ach bhí eagla air i gcónaí gur smál ar an leathanach bán agus ar an teanga a bhí ina chuid filíochta. Is í an teanga a leannán agus lorgaíonn sé é féin inti.

Gleann na nGealt Thoir: An tUalach Trom

Stiofán Ó Cadhla

Fág Gleann na nGealt thoir,
Is a bhfuil d'aois seo ár dTiarna i d'fhuil,
Dún d'intinn ar ar tharla
Ó buaileadh Cath Chionn tSáile,
Is ón uair go bhfuil an t-ualach trom
Is an bóthar fada, bain ded mheabhair
Srathar shibhialtacht an Bhéarla,
Shelley, Keats is Shakespeare ('Fill Arís', B 41)

Scríobh Seán Ó Ríordáin san *Irish Times* sa bhliain 1974

ar mo shlí siar go Dún Chaoin faghaim mo chéad amharc ar an bhfarraige ó Bhóthar na hInse. Ní mór ná go stopann mo chroí. Claochló ar an domhan intíre is ea an tUisce seo. Uisce is ea an saol as san siar. Tagann farraige agus spéir le chéile in aon uisce mór amháin. Taoi i láthair na síoraíochta anois. Síoraíocht is ea uisce. Am is ea talamh tirim. Tá deireadh le claustrophobia an ama – na talún. Osclaíonn apertura na síoraíochta amach romhat. Ciallaíonn an fharraige seo mian ár gcroí – Tír na nÓg. Ciallaíonn sé samhraíocha eile. Ciallaíonn sí na mairbh thiar go raibh aithne agam orthu (Ó Ríordáin 1974).

Is é 'Fill Arís' an dán donn déanach sa chnuasach *Brosna* a d'fhoilsigh Sáirséal agus Dill sa bhliain 1964. Ní filleadh a bhí sa treis go hoifigiúil in Éirinn i lár an fichiú haois ach imeacht, fuathú agus tréigint. Is é seanphort na staraithe gur tuar ollmhaitheasa is iarmhaise na seascaidí. De réir na staire Béarla is ag trá a bheadh taoide an traidisiúin diaidh ar ndiaidh as san amach. B'éigean corpán na Sean-Éireann a chur ar ghrá ligint d'Éirinn 'nua' teacht ar an saol (Ó Tuathaigh 1982: 163). Tuigeadh, go deimhin féin maíodh go hoscailte gur feabhas nó dul chun cinn a bhí anseo. Bíonn taibhreamh an eacnamaí agus plean an pholaiteora i dtaobh le miotas chomh maith i ndeireadh an lae thiar, ach conas a bhí i gceann an fhile? Níl dul dá shéanadh ach go bhfuil léamh nó aighneas an chultúir tábhachtach i bhfilíocht agus i bprós Sheáin Uí Ríordáin. Ráiteas is ea 'Fill Arís' atá ar thairseach na hidéeolaíochta ach is d'aon ghnó é seo. Is mó cámas a fuair criticeoirí éagsúla na Gaeilge ar an ndán ó shin. An raibh sé 'róshaoráideach' nó 'ábhar rómánsúil, más cámas an rómánsúlacht?' (Ó Tuama 1978: 53) An raibh sibhialtacht an Bhéarla á bhualadh anuas ar shibhialtacht na Gaeilge? (Ó Tuama 1978: 54) An 'breithiúnas atá sa dán ar Éirinn a linne a thug droim láimhe dá dúchas' (Ó Giolláin 2005: 17). An é seo an 'ráiteas polaitiúil is iomláine agus is críochnúla' de chuid Uí Ríordáin? (Ó hAnluain 1980: 120) An 'dúnadh intinne, séanadh na staire agus tréigean an chultúir chomhaimseartha?' atá ann? (Nic Eoin 2005: 267) Tarraingíonn an dán ceisteanna móra agus is teist mhaith air go bhfuil an scéal amhlaidh.

Bheadh sé deacair a rá le haon chinnteacht ghlan, chríochnaithe cad go díreach a bhí i gceist ach ní haon mhistéir rómhór ach an oiread é. Ní dóigh liom gur casadh ar Shean-Éirinn nó imeacht na seanfhondúirí is cás leis an bhfile in aon chor; ní bheadh ansan ach léamh simplí. Tá gach aon dealramh ar an scéal gur cúinsí casta an chultúir in Éirinn mar a tuigeadh don bhfile iad atá á gcur trí chéile. Tá téamaí traidisiúnta na staire ann, Gael is Gall, iasacht is dúchas, ina ngalláin mhóra ar an mapa a tharraingíonn sé. Tá alltacht áirithe ag baint leis an gcuireadh a thugann sé don léitheoir zón compordúil an Bhéarla a fhágaint – is é an Béarla an solas a cheileann an Gaeilgeoir go minic. Is geall le peaca in aghaidh an ionannais dul ar Ghaeilge an uair sin. Is le *tabula rasa* a thosnaíonn cuid de dhioscúrsaí an Bhéarla in Éirinn, le hÉirinn aonteangach an Bhéarla.

Is beag amhras go bhfuiltear ann a thuigeann i gcónaí ná fuil ach aon teanga cheart, aon chultúr ceart ann, is é sin le rá teanga agus cultúr an Bhéarla; is dearcadh righin caomhnach é seo a ghlanann ceo an amhrais: 'a common solution has been to simply evade one of the languages, to pronounce the Irish language dead or moribund. Having done this the coast is clear to proceed with a self-regarding anglocentric view' (Ó Cadhla 2007: 3). Ní bheinn sásta go molfadh an file dúinn casadh ar shaol Gaelach ná raibh ann ach saol dúmasach nó saol samhlaíochtúil a chum an Béarla féin. In áit féachaint sa seanscáthán céanna arís, molann an dán seo don léitheoir domhan eile a shamhlú. Is le cultúr, le dúchas nó le seanchas a phléann dámh an bhéaloidis agus léann na heitneolaíochta de ghnáth agus ní le litríocht ná le stair. Is ceart a rá gur ladhair mhóra i léamh an Bhéarla ar Éirinn litríocht agus stair pé scéal é – deir 'Fill Arís' linn go neamhbhalbh go bhfuil léamh eile ann. Is minic an litríocht chun cinn ar an léann ó thaobh misnigh, agus ó thaobh tuairimíochta, leis. Ba mhaith liom an dán a chur i gcomhthéacs seo an chultúir den iarracht seo. Chuige seo díreoidh mé ar cheithre cinn de na príomhfhoinsí tagartha a mbaineann an file féin úsáid astu. Tagraím don seanchas, don stair, don dteanga agus don tsibhialtacht. As an bplé seo éiríonn ceisteanna bunúsacha a bhaineann le húsáid, le taighde, le tuiscint agus le teagasc an léinn dúchais nó na Gaeilge féin in Éirinn.

Gleann na nGealt

Sa chéad líne den dán tarraingíonn Ó Ríordáin ar an seanchas, is é sin le rá ar an dioscúrsa dúchasach, ar fhiannaíocht agus ar logainmneacha (Ó hÓgáin 2006: 465). Iarrann sé orainn gluaiseacht, Gleann na nGealt (áit a dtagadh geilt chun biolar a ithe agus uisce an tobair a ól) a chur dínn agus ár n-aghaidh a thabhairt siar amach. Is é comhairle Uí Ríordáin de réir mar a thuigeann Titley é 'to return "home" where our speech and our souls will be cleansed and where we will rediscover our true selves' (Titley 1987: 14). Is mó mac léinn, scoláire, bailitheoir béaloidis, ollamh ollscoile, file agus antraipeolaí a thug an turas ceannann céanna seo. Ní ceart a ligint i ndearúd gur teorainn shamhlaíochtúil, mhiotaseolaíochtúil, chultúrtha an gleann sa dán seo chomh maith. Ní claí atá ann ach droichead idir tuiscintí éagsúla, idir teangacha, idir cultúir, idir peirspictíochtaí éagsúla, idir oirthear agus iarthar. Is léir gur tábhachtach leis an bhfile an domhan samhlaíochtúil seo, an saol eile, an teanga eile, an aigne eile. Ní bhréagnaíonn an stair nó aon chuntas lom croineolaíoch ceart ar Éirinn an file sa chás seo. Is turas nó oilithreacht aigne é a théann go croí na cruthaitheachta ag an bhfile.

Ní teitheadh nó séanadh é agus, dá chomhartha san, is as dátheangachas a fhásann an dán, is meafar an turas a mholtar. Iarrann an file orainn áit eile, teanga eile, seanchas eile a shamhlú faoi mar a dheineann John Lennon san amhrán 'Imagine'. Iarrann an file ar an léitheoir cuimhneamh, Éire eile a mheabhrú tamall faoi mar a bhí Éire an Bhéarla á shamhlú nó á mholadh fiú le cúpla céad bliain ag an impireacht nó ag an stát lena linn féin fiú. Is cuid den imirt a bhaineann le dátheangachas nó le déchultúrachas é seo, cuid de chultúr na hÉireann nár admhaigh Gael ná Gall fós. Tá cuid de thréithe an teifigh ag an bpearsa a labhrann sa dán. Filleann siad chun seilbh a ghlacadh arís ar an dúchas, chun *repossession* a dhéanamh. Is gníomh athshealbhaithe nó frith-choilíneach é b'fhéidir.

Seasann Gleann na nGealt do ríocht, do shaoldearcadh nó do mheon aigne a shamhlaímid leis an dúchas. Téimid siar, agus an fhaid is atáimid thiar, bímid ag féachaint *soir* dúinn. Is bogadh intinne é seo a iompaíonn an saol bunoscionn nó taobh tuathail amach. D'fhiafraigh Daniel R. Richter le déanaí an bhfuil aon fháil ag an léann seanchas a fhéachann soir a shamhlú, compás an léinn a bhogadh. Is é mo thuairim go dtástálann Ó Ríordáin 'different *ways* of facing east appropriate for understanding something ... to turn familiar tales inside out, to show how old documents might be read in fresh ways, to reorient our perspective' (Richter 2001: 9). Cuireann an gheit pheirspictíochta seo meabhrán nó masmas ar dhaoine áirithe gan amhras, ar dhaoine a bhain gradam is céim is measúlacht amach i saol uirbeach, ceartchreidmheach an Bhéarla in Éirinn nua an fichiú haois. Is mearbhall nó seachrán féiniúlachta é, is náire, is masla, is séala ísleachta é. Is dúshlán nó scannal é, is tréas oscailte é ar cheartaigne údarásach an Bhéarla a raibh an ceannas agus an smacht bainte amach le tamall maith aige in Éirinn. Imríonn an file le haghaidh fidil an Bhéarla agus le haghaidh fidil na Gaeilge.

Cath Chionn tSáile

Tá cuid de dhioscúrsaí acadúla an Bhéarla bunaithe ar sheanmhaíomh coilíneach go bhfuil an Ghaeilge marbh. Tá Cionn tSáile, an logainm féin, an cath nó an miotas, ar cheann de na hargóintí coitianta i gcoinne na Gaeilge dar le Seán de Fréine. Ní gá a bheith buartha mar gheall ar Ghaeilge mar níl sí ann: 'Irish culture ceased ... to be creative or influential nearly four hundred years ago' (de Fréine 1978: 8). Sa dán 'Fill Arís' buaileann Ó Ríordáin ar fhothaí an náisiúin nua, tagraíonn sé do théamaí na cailliúna agus na hathbheochana agus do shlánú bréagach an Bhéarla. Is minic a fhaigheann an dioscúrsa iarchoilíneach nó frithchoilíneach náisiúnaíoch iasacht de dhioscúrsa coilíneach na himpireachta. Is dian nó tá Cionn tSáile ar cheann de na finscéalta a chum an dioscúrsa seo chun cur lena údarás agus lena dhlisteanacht féin. Is ionann Cionn tSáile sa dioscúrsa seo agus lá an bhrátha chomh fada agus a bhain le Gaeilge. Is d'aon ghnó a luann an file Cath Chionn tSáile. Eitíonn sé don mhiotas seo gur bhásaigh an Gael déanach san achrann.

Is mó caoineadh ar bhás na hÉireann atá cumtha ag leithéidí James Clarence Mangan, Thomas Moore, Gerald Griffin, Alice Milligan, P. J. McCall nó William Kenealy. 'Above a nation's grave no violet blooms; / a vanquished nation lies in endless death. / 'Tis past; the dark is dense with ghost and vision! / All lost! The air is thong'd with moan and wail.' Náisiún Béarla a thagann in áit na Gaeilge a bhí i gceist ag Aubrey de Vere a chum 'After Kinsale'. Samhlaítear Éire na Gaeilge le bás, le meath, le doircheacht, le sprideanna agus le gol. Samhlaítear Seán Ó Ríordáin féin le bás, le meath, le doircheacht, le sprideanna agus le gol. Má dhéantar, is le beatha, le fás, le gileacht, le sláinte agus le magadh a shamhlaítear Éire an Bhéarla. Deir Kennelly: 'the Battle of Kinsale in 1601 brought an end to the glorious native tradition in the literature of Ireland' (Kennelly 1981: 29). Ní earr ná éag traidisiúin a chuirtear in iúl lena leithéid seo áfach. Craoltar go hard ann ré, nuariail agus buanaíocht an Bhéarla. Bíonn stair, litríocht nó léann an Bhéarla ag iarraidh údarásacht agus tosaíocht a bhaint amach sa dioscúrsa cultúrtha.

Is dian nó diúltaíonn Ó Ríordáin don iatacht dhioscúrsach seo agus molann sé ina leaba taiscéalaíocht agus oscailteacht. Is ceart a chuimhneamh, in ainneoin na stocaireachta, gur in aghaidh an tsrutha agus i gcoinne na díleann a labhrann an file. In áit foighneamh le caointeachán an Bhéarla os cionn chorp na Gaeilge, molann sé rud réabhlóideach. Molann sé don léitheoir cúl a thabhairt le húdair, le húdarás agus le huafás na staire, le cath is le cogadh, le canóin is le curaclaim. Iarrann sé ar an léitheoir síocháin a dhéanamh leis an dteanga agus leis an gcultúr a fuathaíodh faoin réimeas impiriúil nó coilíneach nó fiú náisiúnaíoch. Molann sé éagsúlacht nó clóúlacht an chultúir iarchoilínigh, cló na Gaeilge agus cló an Bhéarla; síneann sé uaidh amach ar mheafair eile, ar dhioscúrsa ailtéarnach. Is ar an gcultúr dúchais, ar an eitneacht nó ar an saol eitneagrafaíochtúil laethúil i nDún Chaoin a iompaíonn sé chuige seo. Is dearcadh dúshlánach é seo don léann, don oideachas, do chruthaitheoirí agus d'ealaíontóirí. Pé rud eile atá ann tá ceist chruinn chasta curtha aige agus freagra cruthaitheach tugtha.

An tUalach Trom

Shíl Frank O'Brien sa bhliain 1969 go raibh na filí lárchéadacha a bhí ag teacht chun cinn, an dream a chuir suas don 'bhfoclóir prátaí is poitín', 'ag éirí ró-intleachtúil', 'ró-ardnósach', 'róléannta' nó 'teibíoch' (O'Brien 1969: xv). Más le drochmheas ar léann agus ar intleacht a scríobhadh, b'ait an tuairim ó scoláire Gaeilge é seo. Ach dá raghadh an scéal ar ghéireacht ní hannamh an suarachas seo, is é sin intleacht á samhlú le Béarla amháin, ag éirí. Easpa an léinn agus na hintleachta atá ag cailliúint ar Ghaeilge agus bodhrú na bhFiann den 'chraic'. Ar an dturas ealaíonta dó tugann Ó Ríordáin aghaidh ar a chomhthéacs féin, ar shiombailí mhóra na linne agus labhrann amach ar deireadh ar son an dúchais eile. Is mar a chéile 'an t-ualach trom' ag Ó Ríordáin agus an rud a dtugann Gayatri Chakravorty Spivak 'the burden of English' air. Is iarracht an dán cuid den chinnireacht a bhaint den Bhéarla chomh fada agus a bhaineann le litríochtaí, le teangacha nó le cultúir na hÉireann. Cuireann sé comhúdarás na Gaeilge in amhras agus cuireann sé an teanga ag comhrá arís lena cúlra, lena dúchas dioscúrsach féin. Ar leibhéal bunúsach urlabhrúil is iarracht an dán ar labhairt, ar mhacalla a bhaint amach nó ar a mhacasamhail féin, file Gaeilge in Éirinn a linne, a shamhlú.

Ba í Spivak a d'fhiafraigh an raibh aon fháil ag íochtarán ar labhairt a chuige? An éisteofaí, an dtuigfí fiú, nó dá dtuigfí féin an nglacfaí leis nó léi? Ceistíonn sí 'whether the subaltern subject can speak if she can find no space from which to articulate that is not determined in advance by a discourse designed to silence her' (Spivak 2001: 53). Más mór doimhin an cheist í tugann sé seans dúinn an dán a chur i gcomhthéacs an chultúir, an léinn agus an oideachais trína chéile. Is ag cuimhneamh ar an dtagairt cháiliúil a dhéanann Ó Ríordáin d'fhilí Béarla an churaclaim in Éirinn atáim. Dar le Spivak ní mar a chéile teanga a mhúineadh agus litríocht a mhúineadh: sa rang litríochta 'the goal is to shape the mind of the student so that it can resemble the mind of the so-called implied reader of the literary text, even when that is a historically distanced cultural fiction' (Spivak 2001: 55). Conas is ceart don Éireannach téacs Béarla a léamh, a thuiscint nó a phlé? Nuair a léann sé nó sí Matthew Arnold ag scríobh ar 'our literature' nó ar 'our country', ní foláir nó braitheann siad nach dóibh a scríobhadh in aon chor (Arnold 1906: 4).

Is é an t-ualach ná 'our ideal student of British literature must so internalize this play of cultural self-representation that she can, to use the terms of the most naive kind of literary pedagogy, "relate to the text", "identify" with it. However naive these terms, they describe the subtlest kind of cultural and epistemic transformation, a kind of upward race mobility, an entry' (Spivak 2001: 55). Téitear chomh fada lena rá go gcothaíonn léann an Bhéarla coilínigh nua, go scaiptear sa chóras oideachais bunmhachnamh coilíneach i leith na hÉireann a bhíonn á iompar i dtéacsaí agus i dteagasc i gan fhios, geall leis. Sa dán 'Fill Arís' tugann an file Gaeilge le fios nach 'dalta idéalach litríocht na Breataine' é féin ach cineál eile. Is suimiúil go dtagraíonn Patrick Kavanagh do Shakespeare chomh maith sa dán 'In Memory of Brother Michael', 'when Shakespeare, Marlowe and Jonson were writing / the future of England page by page, a nettle-wild grave was Ireland's stage.' Ritheann sé leis go raibh gorta cultúir in Éirinn. A mhalairt a shamhlaíonn Ó Ríordáin, agus cúis mhaith aige. Deir Declan Kiberd: 'some of those who wrote in English displayed an alarming ignorance of the Gaelic tradition which they professed to mock' (Kiberd 2005: 56). Is do 'srathar' meabhrach, don ualach idé-eolaíochta, a chuireann an coilíneachas ar an duine a thagraíonn Ó Ríordáin, an srathar a bhí ar Kavanagh sa dán áirithe sin.

Is ceacht an dán ina moltar don léitheoir domhan aonteangach an Bhéarla a dhearúd tamall agus domhan eile a bhlaiseadh. Dhéanfadh aon mhúinteoir in Éirinn an lae inniu an moladh céanna ar mhaithe le foghlaim. Tá práinn, mar a thugann Spivak le fios, le 'an alternate literary historiography of postcoloniality critical of the hierarchical imprint of "the Commonwealth" (Spivak 2001: 70). Thiocfadh an Ríordánach leis seo agus ní ón litríocht amháin a theastaíonn a leithéid ach sa léann trína chéile, sa teanga, sa chultúr agus sa stair. I gcúrsaí staire, cultúir, litríochta in Éirinn níl buntús léinn ann. Is iarmhairt choilíneach é go ndéantar staidéar orainn faoi scáth *Irish Studies* nó na staire nó na litríochta Béarla agus nach ndeinimid féin staidéar orainn féin ach thall is abhus.

Srathar Sibhialtachta

Is d'aon ghnó dar liom a roghnaíonn an file an focal achrannach 'sibhialtacht'. Cumadh an focal Béarla ag deireadh an ochtú céad déag. Deir Stocking: 'the verb "civilise", the participle "civilised", and the noun "civility" had long been used to express a contrast between European and "savage" or "barbarous" manners and social life'(Stocking 1987: 11). Sna línte seo tagraíonn an Ríordánach do phriaracht, do cheannas agus d'údarás canónach litríocht agus chultúr an Bhéarla, don tsinsearacht fhallsa a shamhlaítear leis seo ar scoil, ar an ollscoil, san oideachas in Éirinn trína chéile. Leis na céadta bliain níor tugadh le fios ach go raibh aon tsibhialtacht amháin ann, aon chultúr amháin, aon teanga amháin: 'the authority of Englishness was underpinned by the assumption of the backwardness of others'(Ó Cadhla 2007: 43). Diúltaíonn Seán Ó Ríordáin don léamh seo: mhol an réimeas coilíneach don Éireannach srathar sibhialtacht na Gaeilge a bhaint díobh cheana, Céitinn nó Ó Rathaille a bhaint den mheabhair. Pléitear William Shakespeare (1564-1616), John Keats (1795-1821) agus Percy Bysshe Shelley (1792-1822) ach ní phléitear Seán Clárach Mac Domhnaill (1691-1754), Aogán Ó Rathaille (1665-1726) ná Eoghan Rua Ó Súilleabháin (1748-1784).

Inniu féin agus Éire ina tír bhreá ilchultúrtha, ilteangach, ní chuirtear san áireamh go bhfuil dhá theanga oifigiúla anseo agus a lán teangacha eile nach iad. I bhfógra a dhírigh ar dhaoine nár cheannaigh ceadúnas teilifíse le gairid bhí Polainnis, teanga ón Afraic agus Béarla le clos. Tugadh le fios ná glacfaí le heaspa eolais ar an dteanga mar leithscéal, go raibh gach teanga acu mar dhea. Bhí dearúd amháin ann. Is tuiscint aonteangach an Bhéarla ar ilteangachas atá i réim in Éirinn. Níor mhiste fiafraí an bhfaighidh an Gaeilgeor labhairt? An bhfaighidh an file, an t-iascaire, an scoláire, an t-aisteoir, an drámadóir, an múinteoir labhairt? Is é atá sa 'tsibhialtacht' ná 'a historically distanced cultural fiction' (Spivak 2001: 55). Féachann an file anseo i scáthán corraitheach na sibhialtachta. Ar chóir páistí bunscoile, scoláirí meánscoile nó mic léinn ollscoile a mhúineadh agus a oiliúint amhail is ná raibh Gaeilge riamh ann? Baineann an cheist le déanamh, le dearadh, le teagasc agus le hiompar an léinn. Fágtar ollúna gan cheapadh, brúnn an córas corparáideach léann tanaí dromplach ar dhaoine – léann ná glacann ach le haonteangachas Béarla fiú san am atá caite, léann atá bréagach i mbeagán focal (Cronin 2005: 28).

Ní mholann Ó Ríordáin don léitheoir casadh ar aonteangachas Gaeilge ach oiread. Is léamh ó pheirspictíocht an Bhéarla é seo. Tá ráite cheana agam ná fuil in Shelley, Keats agus Shakespeare an dáin

> ná i nDún Chaoin, ach oiread, ach mar a bheadh comharthaí nó méara ar eolas a chuireann coincheapa áirithe in amhras . . . is é atá sna scríbhneoirí Sasanacha seo ach cuid de na 'English terms of reference' dá dtagraíonn J. J. Lee agus gurbh áil leis an Ríordánach go gcuirfí san áireamh chomh maith céanna 'na téarmaí tagartha dúchais' (Ó Cadhla 1998: 12).

Is ag scríobh ar choincheap den ollscoil lán-Ghaelach a bhí an file nuair a luaigh sé na téarmaí tagartha dúchais seo. Is téarmaí tagartha Dún Chaoin nó Cionn tSáile nó Gleann na nGealt agus ní iarrachtaí ar staraíocht chruinn acadúil. Deir Spivak: 'you cannot make sense of anything written or spoken without at least implicitly assuming that it was destined for you, that you are its implied reader' (Spivak 2001: 56). Ligeann Ó Ríordáin do théacs eile, do ghuth eile é féin a mhealladh. Ní dúnadh aigne atá i gceist. Samhlaíonn sé an Uimhir Dhé, an Modh Foshuiteach is an Tuiseal Gairmeach 'ag ráthaíocht'. Go míorúilteach iompaíonn an ghramadach ina filíocht. Is téarnamh é seo as tiarnúlacht an chórais oideachais iarchoilínigh. Is faoiseamh é ó bhuile agus ó bhuillí an mhúinteora Ghaeilge nár thuig an teanga. Molann sé an teanga go hoscailte, beag beann ar mhallaitheacht múinteoirí nó táireacht na nGaeilgeoirí. Samhlaíonn sé filíocht, beocht agus comhaimsearthacht léi.

Ní mór seanléamh cúng na dteangacha námhadacha a sheachaint feasta. Ní cruinn a bhaineann sé le hábhar. Ní fíor a rá ar shlí ná raibh dul ón mBéarla ag an Ríordánach. Is rogha é sin a bhíonn ag gach duine a thuigeann an dá theanga go maith. Bheadh sé fós Éireannach mara mbeadh aon fhocal den Ghaeilge a chuige aige. Luaigh sé Béarla na hÉireann go minic sa phrós a d'fhoilsigh sé san *Irish Times;* shamhlaigh sé athracht nó eileachas leis chomh maith. Ní mar a chéile Béarla na hÉireann agus Béarla Shasana nó Béarla Mheiriceá. Ní ag séanadh an Bhéarla a bhí an file pé ar domhan de, agus dá mbeadh féin níorbh ionann é agus é féin a shéanadh. Tá sé ar cheann de na tuairimí a nochtar gur teanga chomhaimseartha an Ghaeilge agus nach iarsma. Ní taibhreamh an Ghaeilge de chuid lucht ársaíochta an Bhéarla. Ní séanadh é seo ach glacadh nó géilleadh fiú. Dhá theanga a bhí ag an-chuid Éireannach iarchoilíneach; ní haon aiteas ná eiseacht é ach sainchomhartha an iarchoilíneachais, déachas, débhéascna, débhrí, imirt, lúbaireacht nó corrghliocas. Filleann an file go tiomanta is bronnann tábhacht, ceartas nó céim ar an dteanga agus ar an gcultúr neamhspleách, ar an saol mór. Deir sé in aiste dá chuid: 'doras is ea gach teanga. Doras is ea an Ghaeilge a osclaíonn dúinn an saol a caitheadh agus atá á chaitheamh tríthi. Ina theannta san tá a leithéid de rud agus aigne na Gaeilge . . . ionad faire nua is ea é (Ó Ríordáin 1971). Bhí an rud céanna á rá ag an bhfear grinn Des Bishop ó chianaibh sa tsraith teilifíse *In the Name of the Fada.*

Má tá a leithéid de rud ann agus aigne na Gaeilge baineann sí le dúchais, le teangacha, le cultúir, le seanchais agus le samhlaíochtaí na hÉireann trína chéile. Molann Ó Ríordáin teacht go dtí doras nua, doras eile, iolracht theangúil eitneach na hÉireann a bhlaiseadh. Is teachtaireacht í a bhaineann le hoscailt na súl, le hoscailt na haigne. Is toradh ar na hiarrachtaí a dhein Seán Ó Ríordáin teacht ar fhráma tagartha an dáin 'Fill Arís'. Is minic a iarrann oideachasóirí ar mhic léinn domhain eile, cultúir eile, inscne eile a shamhlú. Iarrann filí, scríbhneoirí agus ealaíontóirí, lucht teilifíse is raidió orainn an rud céanna a dhéanamh go rialta. Nuair a chastar as an solas sa phictiúrlann, nuair a osclaímid leabhar, nuair a éistimid le léacht, samhlaímid nuacht nó oiltear sinn. Is é téama an dáin seo (ós fada ó scríobh mé é) nach ceart samhlaíocht, ealaín nó dán an dúchais a chúngú. Mar gheall ar thuras seo Uí Ríordáin, bhí filíocht na Gaeilge 'coming out of the graves of academe and down out of the ivory trees to walk the streets and solicit for attention' (Titley 1987: 14). D'éirigh filíocht na Gaeilge aniar beo as dúshraitheanna idé-eolaíochta, as mioscais, as míthuiscintí, as coilíneachas, as náisiúnachas, as oitireacht, as rómánsúlacht faoi chló ceart agus faoi chló mícheart.

As an Duibheagán:
Dánta Móra an Ríordánaigh

TADHG Ó DÚSHLÁINE

Bhíomar anseo cheana, agus ba mhaith ann sinn, ag comóradh an Ríordánaigh, deich mbliana tar éis bháis dó agus dhá bhliain tar éis dá aircív teacht go dtí an Coláiste Ollscoile anseo i mBaile Átha Cliath. Go dtí sin bhíomar taobh le breithiúnas an Tuamaigh cuid mhaith ar shaothar an fhile, agus dá fheabhas an léamh agus an tráchtaireacht aige sin, ní gach aoinne a d'aontódh gurb iad na liricí beaga gairide buaic an tsaothair. Agus go háirithe ó foilsíodh beathaisnéis liteartha an Ríordánaigh sa bhliain 1982, aithnítear tábhacht na dialainne mar fhoinse, mar inspioráid agus mar léiriú ar chúlra agus ar mhianach na ndánta fada, nó na dánta móra faoi mar ab fhearr a thabhairt orthu, b'fhéidir.

'Mise – Seán Ó Ríordáin 1916-1977', an teideal a bhí ar chlár na hócáide sin in 1987, ag athnascadh, b'fhéidir, ar 'Crying what I do is me, for that I came', de chuid Hopkins, atá curtha síos ag an bhfile féin sa réamhrá le *Eireaball Spideoige*; nó na mórfhaoistiní clasaiceacha san *Ego Patricius* agus *Mise Agaistín*. Agus níl dabht ná go raibh an ceart ag eagarthóirí an chláir sin nuair a dúradar sa réamhrá gurb 'iad na dialanna féin an ghné is suntasaí den taispeántas seo' (1987: 1).

Chun a cheart féin a thabhairt don dTuamach, in ainneoin an easpa dlúthchumadóireachta a bhraith sé ar 'Cnoc Mellerí' agus na 'máchailí beaga míchúraim' a fuair sé orthu go léir mar dhánta fada, d'admhaigh sé go raibh 'an fhilíocht chomh tiubh iontu agus dul ar aghaidh chomh deimhnitheach déanta idir an chéad cheann agus an ceann deiridh' (Ó Tuama 1950: 12-13) a chomharthaigh go raibh an-gheallúint faoin Ríordánach mar fhile. Is maith mar a dhéanann Louis de Paor iarracht ar a cheart a thabhairt do chritic an Tuamaigh agus d'fheabhas na ndánta móra araon:

> While the longer poems made a considerable impression on contemporary readers, subsequent criticism has revised that judgement in favour of the shorter lyrics. That revision may in turn require further reconsideration as the longer poems, despite occasional lapses, represent the most sustained attempt in modern Irish at a poetry capable of extended consideration of the most fundamental questions of human existence (de Paor 2006: 330).

É sin ráite, caithfear a bheith aireach i gcónaí in úsáid na dialainne agus páipéirí pearsanta an Ríordánaigh i gcúrsaí tráchtaireachta. Ba dhóigh leat, mar shampla, ón dteideal agus ón gceolrian cumhúil de chuid Chopin le clár faisnéise Sheáin Uí Mhórdha *Rí ar an Uaigneas* gur duairceas agus duibheagán ar fad ab ea an saol aige. Ach is ar iasacht ó alt ómóis do Mhaidhc File, ar bhás dó san sa bhliain 1974, an teideal. Agus is le meas is le mórtas is le bród as gairm na filíochta a úsáideann an Ríordánach é. Mar seo atá aige ag tagairt do Mhaidhc File, agus ba dhóigh leat gur dó féin a bhí sé:

> Deireadh sé go raibh sé ina Rí ar an uaigneas ... Bíonn gach pobal namhdach le file. Bhí cuid mhaith de phobal Dhún Chaoin namhdach leis. Namhaid aiceanta is ea daoine. Fear uaibhreach a éiligh a chearta, 'sé sin dínit an fhile, a b'ea é (*Irish Times* 4 Bealtaine 1974).

Caithfear a bheith aireach ar an gcuma chéanna leis an nóta beathaisnéise a cuireadh leis an gcéad eagrán de *Eireaball Spideoige* sa bhliain 1952. Ní leis an eagarthóir acadúil ach leis an bhfile raibiléiseach seo a leanas, ba dhóigh leat, cé nach róbhuíoch don eagarthóir a bhí an file as an magadh a dhein sé leis os íseal a chur i gcló:

> Tar éis dó a bheith ar scoil sa Mhainistir Thuaidh i gCorcaigh fuair sé post i Halla na Cathrach, mar a mbíonn 'the hollow men, the stuffed men' ag gabháil timpeall agus páipéirí ina lámha. Rinneadh 'stuffed man' láithreach den mhéid de a bhí fágtha, deir sé. Níl dáta a bháis go róchruinn aige, ach is dóigh leis gur cailleadh é sa bhliain 1933.

Agus is as an aigne chéanna a fáisceadh an fhaoistin cháiliúil sin de chuid an Ríordánaigh a bhfuil údarás aige i gcúrsaí tráchtaireachta ó chéad scaoil sé féin i gcló é in *Comhar*, sa bhliain 1963:

> Lá fada san oifig. Díolta leis an Gallaibh. Namhaid is ea an saol. Namhaid gach aoinne …

Ach níl a fhios agam ar cheart glacadh leis an ráiteas san chomh deifnídeach, chomh sollúnta san mar léiriú ar a staid aigne mar dhuine ná mar fhile. Mar le rud de, níl a fhios agam an 'Óró sé do bheatha abhaile' atá i gceist le 'díolta leis na Gallaibh' ach gur scata gabhal nó *langers* Chorcaí, 'na stuffed men', na 'halla na cathrach men' seo a gcaithfidh sé oibriú ina dteannta, atá i gceist.

Tá chomh maith leis sin nach é an chéad uair againn uaidh ráiteas dá leithéid. Ar an Máirt, an 20 Samhain 1956 ag 9.30 p.m. seo mar a osclaíonn an iontráil sa dialann: 'Lá eile san oifig .i. amú'. Seo a leanas iontráil ar an dtéad chéanna, lán de mhórchúis is de bhréagshollúntacht:

Dies longa. Non erat Jesu solus in diabus suis sicut ego sum. Habebat Jesu salubritatem et lucem a Patre. Habebat discipulos suos & peregrinabat inter Judaeos. Ach ego, ego sum in tenebris, in solitudine. Bibebet Jesu vinum et dicit Pater Thaddeus, homo eruditissimus et sanctissimus haec verba: Qui bibit vinum habet personalitatem. Atque habebat Jesu Mariam Magadalenam et ceteras mulieres speciosas. Ego autem habeo Gobnitatem virginem senilem & abominabilem. Non possum bibere vinum. Non possum mulierem amare. Non possum peregrinare inter Judaeos neque peregrinare inter Hibernos. Non sum Jesu, filius Dei, neque stupor mundi. Ego sum Johannus Riordanus homo insanus et miserissimus. Vivo in humilitatem et in stupiditatem a mane usque ad noctem. Oro Deum quotidie ut mihi sanitatem videat sed adhuc me ignorat. Ego redeo in mediam aetatem et scribo in latina lingua quod puto Deum Patrem Omnipotentem Gadelicam non intelligere (de Grás 1994).

Faigheann blas dúchasach na haigne raibiléisí an bua ar bhlas gruama na laidine iar-Thriontaí ansan. Ach ba chuid d'oidhreacht an Ríordánaigh chomh maith céanna an aigne Chaitliceach san, céasta ag scrúpaill choinsiasa, aigne a chuirtear i bhfriotal sna téarmaí céanna mórán, ón seachtú haois déag i leith, an aigne sin as a bhfáisctear seánra na faoistine a bhí coitianta i measc fhilí na nua-theangacha. Is geall le suimiú ar ghearáin choitianta an Ríordánaigh réim teanga agus foclóir an tsleachta seo a leanas:

As mór a shearcuidh mé peacadh mo leanabhaois, agus do shalaidh mé an aois ládhach sin, ba cóir ó náttúir a bheith neamhurchóideach, le neamhghlaine. Ní raibh ionnam uile ach miangas. D'fhuilinn mé mé féin do chlaoith re andúil mhallaighthe mhíriaghalta; 7 do bhí mé daille comh mór sin nar léar dhamh an solus tar an dorchadas, na ciúmhnas anma seacha sturim ainmhianta . . . Chathaim an oíche a mbrón agus a tuirse, 7 ní taibhríthar dhamh ach uathbhás agus eagla . . . Atá mo chodla briste buadhartha ag iomad na smúaintighthe . . . (Daniel 1727: 25).

Exercís spioradálta chun sláinte an anama atá i gceist leis an miúin seo ar dhála an tsaoil agus is é cleachtadh na hexercíse seo atá mar bhonn leis an bhfilíocht intleachtúil, nó mheitifisiciúil mar ba chruinne a thabhairt uirthi. Is é cúlra seo na miúine chomh maith, is dóigh liom, atá mar bhonn leis an gceangal orgánach atá ag dánta móra an Ríordánaigh le chéile, ceangal forásach faoi mar a bheidís ag eascairt as a chéile, ceangal foclóra, íomhára, struchtúir agus stíle, a fhágann gur éachtaint chuimhsitheach, aiceanta ar anchás na beatha iad ar a dtógaint le chéile ó 'Adhlacadh Mo Mháthar' i leith.

'Adhlacadh Mo Mháthar'

Ba dhóigh leat gur ag iarraidh fad a chur idir é féin agus an iarracht seo a bhí an file nuair a dúirt sé gur 'brón sé mhí d'aois agus beagán rómánsaithe' (Ó Coileáin 1982: 373) a bhí ann. Is léir óna ndeir sé ina dhiaidh seo, áfach, nach aon 'emotion recollected in tranquility' a thuigeann sé le filíocht ach a mhalairt:

> Ní h-é an rud a bhíonn inár n'aigne a scríobhaimíd síos i gcomhnaí. Is minic gurb ár gceilt féin a bhímid 7 sinn ag scrí. Ní fuirist áfach an rud a bhíonn it' aigne a scrí síos. Theastódh máistir chun a leithéid a dhéanamh 7 ní máistrí sinn go léir. Má bhíonn buile feirge ort nó uaigneas tréis bháis dhuine muinteartha nó má bhíonn t'aigne corraithe in aon tsaghas cuma níl sé deacair í scrí síos cuíosach cruinn. Ach nuair a bhíonn t-aigne ciúin, socair gan aon tsuathadh a bheith inti ansan isea go mbíonn job agat ar í a scrí síos (Dialanna 5 Bealtaine 1961).

As guairneán aigne dá shórt a fáisceadh an dán.

Tá 'blas éigin aduain ar an tsamhail sa dara líne', dar leis an dTuamach (1978: 5). Sea, más aduain linn 'the veil of evening' de chuid Yeats. *Compositio loci* cruthanta atá anseo agus deintear athghabháil air mar chonclúid. Feidhmíonn an litir shalaithe mar fhrapa chun miúine, faoi mar a bhíonn i bhfilíocht an seachtú haois déag, mórán mar atá an bhéim ar na céadfaí leis an bhfocal 'lámh'. Tharlódh iasacht ó 'The Sick Child' le Robert Louis Stevenson: 'O, mother, lay your hand upon my brow'. Agus tá líne eile ó dhialann na bliana 1951 *ad rem* anseo chomh maith: 'Uch! A Dhia túirlingeadh do lámh ó Neamh ar m'éadan agus ansan sláááainte'. Beocht dhrámatúil an bharócachais sa chodarsnacht idir 'balbh-bháine' agus 'dúpholl' ina dhiaidh sin. Seo cuid de na gnéithe a fhéadfadh 'míchompord' áirithe a chur ar an léitheoir, dar leis an dTuamach. Ach níl a fhios agam ná go raibh na gnéithe, na consaeitanna seo, ag an gCéitinneach, agus Mac Aingil, ag Yeats agus ag an bPiarsach: is é sin le rá, nach cuid bhunúsach d'fhilíocht na miúine i gcoitinne iad.

Tá eilimintí eile fós i gcoimpléacs an dáin seo a dtéann a bpréamhacha agus a gcleachtas i bhfad siar. Tá móitíf an bhéaloidis faoi anam an fhíréin ag deasfholuain go neamh faoi chruth éin le fáil i ndán anaithnid in onóir Naomh Eulalia ó thart ar an mbliain 880, 'In figure de colomb uolat a ciel', agus macallaíonn comhréir shollúnta na reitrice in véarsa a ceathair anseo an oscailt fhoirmeálta le ceann de na dánta móra polaitiúla ón seachtú haois déag:

Gile . . . í
Gile . . . í
Gile . . . í
. . . gile . . . í . . . (O'Reilly 1952: 17)

Bathos atá i ndeireadh an dáin anseo ('Ba mhaith liom . . . Ba mhaith liom . . . Ba mhaith liom'), dar leis an dTuamach (1978: 8) agus tá san fíor, ach tá, leis, ann, ba dhóigh leat, macalla an Phiarsaigh ina mhórchumha siúd in 'The Wayfarer': 'and I have gone on my way sorrowful.'

'Cnoc Mellerí'

Tá dlúthcheangal foclóra agus struchtúir ag an iarracht leo leis an aiste filíochta thuas, ach gur bríomhaire agus gur soiléire an choinbhleacht inmheánach anseo. Dá fheabhas é mar iarracht, áfach, faigheann na saoithe locht air:

> . . . scaití, téann sé thar fóir is thar cuibhiúlacht leis an tsamhlaíocht. Tréith eile atá suntasach ina shaothar is ea go mbaineann sé úsáid go rómhinic as an bhfocal 'mar' (O'Brien 1968: 302).

Uaireanta eile, áfach, ní fhéadann sé gan meafar nó samhailt spíonta (nó uaireanta eile líne chomónta ar leibhéal an phróis) a úsáid chun an cheathrú a líonadh nó a dhúnadh – rud a bhaineann go mór ó bhlas nó ó neart an dáin. Arís chonaiceamar a leithéid seo de mháchail ar 'Adhlacadh Mo Mháthar', agus tá a leithéid le feiceáil níos coitianta fós ar 'Cnoc Mellerí', 'Oileán is Oileán Eile', agus 'Oilithreacht fám Anam' (Ó Tuama 1978: 17).

Níorbh é an chéad Sheán Ó Ríordáin é a scríobh faoina chúrsa spioradálta i Mellerí. Is mar seo a scríobh John Rearden agus é ina sheomra i Mellerí ar an Domhnach an 8 Bealtaine 1887:

> . . . I don't know that I was very hopeful then and now there is nothing to hope for . . . and my poor mother, how suddenly she died off . . . What a sad story life is . . . The Compline has just ended and we have all retired to our chambers for the night . . . I finished my confession today and am going to Holy Communion in the morning . . . (Rearden 2003: 135)

In ainneoin na gcosúlachtaí idir san agus tuairisc an fhile níl ann ach comhtharlúint, mar nár cuireadh cín lae John Rearden i gcló go dtí le déanaí. Tá gach seans, áfach, go raibh an sliocht seo a leanas de chuid Canon Sheehan léite ag Seán Ó Ríordáin:

. . . Just after supper, and when the last bells were ringing for Compline, he had formed one of the group of men who passed from the sunshine of the hall into the sudden gloom of the cloister on their way to the Church. The contrast between the very brilliant light of the setting sun, which flooded the hall and the dim twilight of the corridor, was startling enough; but what caught Myles' imagination was the figure of a monk in choir dress standing, his back turned towards the visitors, still and silent, and looking out into the quadrangle . . . The monk stretched out his hand, which Myles grasped. He seemed to wish to detain the monk further; but the latter glided away silently, and Myles felt very much alone (Sheehan 1933).

B'fhéidir a áiteamh go bhfuil an chodarsnacht idir dóchas agus éadóchas sa sliocht san mar eiseamláir don bhunchoinbhleacht idir anam agus corp atá mar dhlúth agus inneach an dáin féin, coinbhleacht a ghabh an Ríordánach ó am go chéile, faoi mar a thuigtear ón sliocht seo a leanas:

Tráthnóna Dé Sathairn ar a sé do tugadh fáiltiú liotúrgach do Nuncio an Phápa (Riberi) ag an leas-árd-eaglais i gCorcaigh. Shiúil an Nuncio agus easpog Chorcaí (Lucey) treasna an bhóthair isteach sa leasárdeaglais. Is iad a bhí go hálainn in a néide dhearg. Do lean meitheal canónach agus pobal sagart iad. Bhí na sluaite daoine ag faire. Bhí gárdaí ag riaradh an spáis ar na gluaisteáin. Ócáid mhór eaglasta. Ansan go h-obann do shiúil píosa filíochta treasna an bhóthair agus do múchadh síoda dearg na h-eaglaise – cailín óg fiain – bean leapan. Tá difríocht do-chlaoite idir fhilíocht agus creideamh (Dialanna 27 Meán Fómhair 1960).

'Oilithreacht fám Anam'

Leanann coinbhleacht inmheánach in intinn an fhile as an gcur chuige aige – idir an modh intleachtúil, foirmeálta, faoi mar a bhí ag filí an seachtú haois déag agus iad ag leanúint de threoracha na miúine: an *compositio loci* agus an *applicatio sensuum*, faoi mar a bhí leagtha síos sna lámhleabhair; agus an *via negativa*, an modh iomasach, rómánsúil, boihéamach, faoi mar a thuigtear ón nóta seo a leanas, nóta a cheartaigh sé féin agus an bhfuil an bunleagan curtha síos anseo agam, móide na ceartúcháin idir lúibíní:

> Seo cuid de dhán a scríobhas mar do chuireas romham dán a scríobh. Do fuaras rothar agus do thugas cuaird ar cheanntar áirithe & d'fhanas ansan [ag machnamh ar mo chéadshearc agus ar an bpeaca agus ar an am a bhí imithe go dtí gur mhúsclas an dán so] go díomhaoin in ainm a bheith ag smaoineamh go dtí gur rith na focail seo chugham diaidh ar ndiaidh. Do chonac asal agus roint smaointe. Is dóigh liom gur thug an t-asal teagasc dam − [gur shocraigh sé atmasphaer an dáin] ach do theip orm bheith chomh ómósach leis an asal (Ó Coileáin 1982: 172-3).

Áitíonn an Tuamach go bhfaightear léiriú ar dhearcadh agus ar fhealsúnacht an Ríordánaigh sa dán seo a fháisctear as intinn sceimhlithe apacailipteach an fhile:

> De bharr an chórais saoil agus creidimh inar oileadh é, ar ndóigh, bhí sé cheana féin tar éis an ghránnacht agus an gnéas a shnaidhmeadh go doscaoilte le chéile ina aigne. Tá an tuairisc is fearr ar an nascadh seo ar fad le fáil in 'Oilithreacht fám Anam', dán míshásúil sa tslí go bhfuil *dénouement* róshaoráideach nó rómhaoithneach ann, ach dán, san am céanna, a bhfuil véarsaí cumhachtacha ann. Tá deamhain, froganna, stoirmeacha gaoithe, scigireacht agus cíocha ban ag snámh ar fud an dáin seo, agus iad ar fad ag eascairt as an 'eolas buile' a loit 'neamhinscneacht' an tsaoil air. Sa véarsa thíos is láidre a bhraitheann tú an bréantas a chuir an t-eolas sin air:

> Mar ghadhar ag déanamh caca
> Ar fud an tí istoíche,
> Nó mar sheilmide ag taisteal
> Do bhréan an fios mo smaointe (Ó Tuama 1978: 43).

Ní as a bholg féin atá an Ríordánach ag cumadh anseo, áfach, ach ag athnascadh ar thíriúlacht an Bhíobla (féach Seanfhocail 26: 11).

'Oileán agus Oileán Eile'

Bhraith an t-údar féin dlúthcheangal idir an dán seo agus an iarracht díreach roimhe seo:

> Do chumas an dán seo 'Oileán agus Oileán Eile' díreach mar a chumas 'Oilitheacht fám anam'. Do chuas amach ar an oileán ag machnamh ar Bharra Naofa. Do tharla reithe adharcach romham. Do theip orm bheith chomh suaimhneasach ionraic leis an reithe. Agus do theip orm dán a chumadh chomh maith chomh foirm-chruinn chomh húdarásach chomh lán de shean-chuimhní sinsear agus a bhí na hadharca úd (Ó Coileáin 1982: 159).

Deir Frank O'Brien go neamhbhalbh go bhfuil an dán seo 'ar cheann de na dánta is fearr a chum Ó Ríordáin' (1968: 317), in ainneoin go n-admhálann an t-údar féin a mhalairt:

> Tá an iomarca den samhlaíocht aonair (drochshamhlaíocht) agus den bhfealsúnú imigéiniúil nó i bhfad ó láthair i ndánta áirithe in *Eireaball Spideoige*, e.g. 'Oileán agus Oileán Eile' (Ó Coileáin 1982: 373).

Ach is cosúil nach rómhór a ghoill sé sin air le haimsir agus go raibh sé stóchúil, ar nós cuma liom ina thaobh, muna raibh sé éadromchroíoch:

> Bhíos ag cuimhneamh ar dhán a scríobhas féin ó chianaibh (ó chianaibh a bhíos ag cuimhneamh – fadó a scríobhas) – 'Oileán agus Oileán Eile'. Tá sé de ghlanmheabhair agam 7 dubhart dom féin é ó thosach deire. Ní bhfuaireas air ach blas leamh. Chuir san a thuille éadóchais orm. Ach mar sin féin is mór an rud é aghaidh a thúirt ar do neamhmhaitheas féin. Rud isea é a chaithfear a dhéanamh luath nó mall (Dialanna 16 Márta 1955).

Maíonn Frank O'Brien gurb 'ionann a bhfuil sa rann deireanach agus a rá go bhfuil an bealach casta aimhréidh le haimsiú aige trí chaidreamh a dhéanamh leis an saol mór (1968: 319). Seo mar atá sa véarsa deiridh sin:

Raghad anonn is fágfad an t-oileán,
Fágfad slán le smaointe smeara naomh,
Raghad ag ceilt na fírinne mar chách,
Raghad anonn ag cabaireacht sa tsaol. (ES 83)

Níl dabht ná gur seoladh isteach oiriúnach don gcéad dán eile, 'Saoirse', é sin ach ní faoi mar a mhaíonn O'Brien atá, ach a mhalairt, go deimhin, mar gur ag tréigint 'bealach casta aimhréidh' na saoirse pearsanta atá sé agus ag dul le caidreamh agus cúram simplí, coitianta an tsaoil. Ba dhóigh leat chomh maith go raibh sé ag iarraidh a dhearbhú an iomarca go ndéanfadh sé an beart agus é in amhras go ndéanfadh. Chuige sin an t-athrá: 'Raghad . . . anonn . . . fágfad . . . Fágfad . . . Raghad . . . Raghad anonn.'

'Saoirse'
Faightear an t-athrá céanna in oscailt an dáin seo a chomharthaíonn go bhfuil sé féin in amhras go ndéanfaidh sé an beart. Ach tá rud eile i gceist leis an athrá chomh maith: an t-athrá céanna sin is atá ag Yeats san iarracht cháiliúil sin aige: 'I will arise and go now, and go to Inisfree'. Agus ní amháin go bhfuil an t-athrá ann ach tá an focal Gaeilge 'inis' agus an focal Béarla 'free' sa logainm a thugann paradacsa na saoirse pearsanta sa líne cháiliúil 'No man is an Island' le John Donne chun cuimhne, mar aon leis an gcomhchiall idir 'free' an Bhéarla agus 'saoirse' na Gaeilge.

Ba mhór ag an Ríordánach féin an iarracht seo aige agus ba mhinic é ag tagairt dó:

Agus seo dán a scríobhadh sa bhFómhar na blianta níos déanaí ná na dánta a léas go nuige seo. Léifead anois é mar baineann sé leis an bhFómhar agus ina theannta san isé seo an dán is annsa liom dem' chloinn. Is beag dán eile dar scríobhas nár thugas fuath dho luath nó mall. Measaim go bhfuil an dán seo baineann, gur tháinig sé chugam sa bhFómhar agur sheas sé lem' ais mar mhnaoi. Is eagal liom gur imreas lámh láidir ar an bhfírinne agus ar an mbeatha ins na dánta eile mar a dheineann fear ach gur ghlac an dán seo leis an bhfírinne agus leis an mbeatha mar a dheineann bean. Níor cumadh an dán so; is amhlaidh a tháinig sé . . . (ÓR P1/70)

Is dóigh liom go bhfuil 'Saoirse' níos sláintiúla ná aon cheann des na 'dánta fealsúnachta' eile in *Eireaball Spideoige*, mar fealsúnacht nó machnamh láithreach atá ann .i. go raibh an machnamh agus an dán comhaimsireach. Do scríobhadh é de gheit de bharr mífhoighne leis an aonaránachas. Ní machnamh i bhfad ó láthair an chatha atá ann ach machnamh ar an láthair . . . Is é atá i 'Saoirse' ná an rud a tharla. Tá fealsúnacht i 'Saoirse' ach tharla sí. Tháinig sí as an mífhoighne láithreach. 'Sí fealsúnacht í ná nach fiú faic do shamhlaíocht ná t'oileán rúin – bheith id bhall de phobal is fearr – bheith íseal (Ó Coileáin 1982: 372-3).

Tá a fhios agam go nglactar leis sin thuas coitianta mar ráiteas deifnídeach ar mhianach an dáin áirithe seo, ach níl a fhios agam an bhfuil fianaise an dáin féin ag teacht leis, luchtaithe agus mar atá sé le critic agus le léann na Gaeilge, an Bhéarla agus na spioradáltachta. Sa tslí is go bhféadfaí a rá gurb í an iarracht is saothraithe (tá Céitinn agus Hopkins agus n'fheadar cé eile ann) dá chuid é 'Saoirse' mar dhán. Fós is í an iarracht is cumasaí dá chuid í, toisc b'fhéidir, a mhisniúla is atá an persona ann, arb é aoinne againn é, mar go dtógann sé seasamh agus go ndéanann cinneadh i ndeireadh thiar thall éirí as an dtóraíocht gan sásamh seo ar lorg Chríost agus as lorgaireacht an tsoithigh naofa nach féidir a shroichint. Is deacair glacadh leis go mbeadh duine a raibh *odi profanum vulgus* an fhile chomh láidir san ann chun a dhán a chaitheamh i dtraipisí d'fhonn tuilleadh den daonnacht, a raibh an ghráin aige uirthi, a shealbhú. Is mó de ghotha na ceannairce, de bhagairt na bhfáithe, faoi mar a fhaightear sa dán 'The Collar' de chuid George Herbert: 'I struck the board, and cried no more, I will abroad', ná aon rún daingean beart a dhéanamh de réir a bhriathair, atá san oscailt.

Tá leidí eile fós sa dialann faoin atmaisféar agus an aigne as ar fáisceadh an dán:

Is minic gur droch-phaiste tráthnóna Domhnaigh. Bíonn buairt aigne i gcónaí ann. Bíonn tubaist i gcónaí á tuar. Ach – is tráthnóintí Domhnaigh is mó a scaoiltear na madraí so agus ansan isea bhíonn an sceamhaíl le clos (Dialanna 7 Bealtaine 1967).

Táim díreach tar éis filleadh ar an uaigneas. Bhíos i gCorcaigh i rith an lae. Bhí dínnéar agam le hAindreas Ó Gallchobhair 7 Seán Ó Súilleabháin san Tivoli. Chuas as san go Lota – Ospuidéal orthopaedic. As san go Mayfield mar a rabhas tamall ag seó leis na leanbhaí. Ansan suas go tigh Mháire Uí Chonchubhair. Deoch níor ólas i rith an lae. Gaiscíoch fir mé. Ba mhór an fhuascailt é imeacht tamall ón uaigneas 7 ón bhfírinne – imeacht le comhluadar 7 le héitheach. Ach an fíor san? An ionann uaigneas 7 claoí le fírinne 7 cuideachta 7 fírinne a thréigint? Is fusa ealó ón bhfírinne i gcuideachtain nó san uaigneas. Ach arís an fíor san? Nach rud bréagach isea an t-uaigneas fada? Nach staid gan chaighdeán é? Nach ainmhí sóisialta polaiticiúil an duine? Ach cad is brí leis sin? (Dialanna 23 Meán Fómhair 1958).

Bhí xxxx xxxxx anso im theannta le breis & uair an chloig. É ag caint is ag caint. Fear ana-chiallmhar isea é; fear go bhfuil ar a chumas na pingíní a chnuasach. Mar sin féin tá roinnt gliogaireachta ag baint leis. Sé seo an chéad cur isteach mór a deineadh orm le tamall. Ní bhíodh anso oícheannta eile ach

Rousseau agus mé féin. Is mór idir bheith ag léamh & bheith ag caint le daoine. Is ionraice go mór atmosfaer 7 aigne an duine aonair ná aigne an duine a chleachtann comhluadar (Dialanna 12 Deireadh Fómhair 1955).

... Ba mhaith liom ceangal éigin a chur orm féin ionus go mbeinn teanntaithe. An iomarca saoirse atá agam 7 tá ana-cheal saoirse orm ar a shon san (Dialanna 27 Lúnasa 1955).

Aithníonn na scoláirí tionchar 'Mianta mo Chroí' de chuid an Phiarsaigh (Ó Coileáin 1982: 157) ar íomhára an dáin seo:

Cad chuige dhíbh dom' chiapadh, a mhianta mo chroí
Dom' chiapadh is dom' phianadh de ló is d'oíche,
Dom' fhiach mar d'fhiachfaí fia bocht ar shliabh
Fia bhocht fad-tuirseach 'an chonairt ina dhiaidh?

Níl suaimhneas dom phianas i n-uaigneas na gcnoc ...

Ach ba mhór ag an Ríordánach an focal 'drannadh' agus an íomhá a leanann de, i gcónaí. Tá sé le fáil go luath sa dialann agus sa dán is fearr aithne dá chuid:

A, A, A, Domine Deus! Donnchadh Mór Ó Dálaigh! Ní raibh na léirmheastóirí ag drannadh leis siúd (Dialanna 9 Bealtaine 1951)

Tá cearca ann is ál sicín,
Is lacha righin mhothaolach,
Is gadhar mór dubh mar namhaid sa tír
Ag drannadh le gach éinne,
Is cat ag crú na gréine. ('Cúl an Tí', ES 61).

Pictiúr na maistíneachta céanna atá i gceist in iarracht de chuid Eoghain Uí Dhubhthuigh ón seachtú haois déag:

A Bhanba, is truagh do chor!
Is iomdha, anocht, ar do thí
Chum do chnámh do chreinn go léir;
A aoinMhic Dé, ainic í (Mhág Craith 1967: 151).

Agus is féidir ionchollú seo na sceimhle a ríomh siar go Salm 21: 17:

Tá mórán madraí i mo thimpeall
Circumdederunt me canes multi

Ach gach seans gurb é an t-alt géar seo a leanas le 'Máire', a foilsíodh sa bhliain 1947, an bhliain a cailleadh máthair an Ríordánaigh, foinse na hinspioráide:

Cruinneóchaidh conairt chíocrach thart ort. Ní bhéidh tú i bhfad ar obair go gcluine tú a' tafann iad. Agus i gcionn na h-aimsire sothóchaidh tú a gcuid fiacal a' strócadh do chliabhraigh . . . Agus nuair a bhí sé marbh rinne siad Pádhraic de chloich aoil agus chuir siad i n-a shuidhe ar charraig i nGaillimh é. Agus chruinnigh an chonairt thart air, agus iad a' brughadh agus a' streachailt, eagla ar gach aon choileán nach mbéadh a shoc féin i sgóip an chamera . . . (*The Bell*, Feabhra 1947)

Ach níorbh éadóchas ar fad aige é agus seans chomh maith céanna gurb é an rún daingean seo a leanas ón aiste chéanna: 'Ach musgóla mé an pobal agus éireóchaidh siad agus tógfaidh siad ar a nguailneacha mé . . .'; seans gurbh é sin a spreag ceann de mhór-ráitis fháidhiúla an Ríordánaigh nuair a dúirt:

Mar is iad na scríbhneoirí a mhúsclóidh an teanga agus is í an teanga mhúscailte a mhúsclóidh na daoine chun labhartha na Gaeilge. (ES 25)

Gach seans gur trátha an ama seo chomh maith a tháinig an Ríordánach ar an aistriúchán Béarla ar shaothar cáiliúil Nietzsche, faoin teideal *Thus Spoke Zarathustra*, nó gur geall le suimiú connail ar anchás an Ríordánaigh féin in 'Saoirse' an cur síos seo a leanas:

> When Zarathustra was thirty years old, he left his home and the lake and went into the mountains. Here he had the enjoyment of his spirit and his solitude and he did not weary of it for ten years. But at last his heart turned – and one morning he rose with the dawn, stepped before the sun, and spoke to it thus ... Behold I am weary of my wisdom ... Like you I must *go down [untergehen – to descend, to set, to be destroyed]* – as men, to whom I want to descend, call it ... I love mankind ... *God is dead!* ... I entreat you, my brothers, *remain true to the earth* ... (1961).

Tharlódh go mba mhór an sólás don Ríordánach é an cheannairc seo de chuid Nietzsche in aghaidh chuing agus chúinge na moráltachta as ar fáisceadh é: forlámhas na hintleachta agus drochmheas ar an gcorp, oidhreacht ó aigne spioradálta na meánaoise, a aithnítear thíos:

> 'Gidheadh, is é áit 'na ccuirionn an fhírinne a suidheachán a ccnocán árd aoibhinn na hintleachta mar a mbeirionn buadh ar an bhfíon, ar na mnáibh 7 ar an rígh féin, a ccás gurab í ní is treise san domhan í (Ó Cuív 1952: 71)

> Tabhair faoi ndeara, nuair a dhreapann duine in airde cíonn sé níos faide ná iad sin a fhanann thíos. Mar sin, nuair atá máistreacht faighte ag duine ar luachanna tíriúla corpartha agus é ar shliabh na suáilcí ag rinnfheitheamh go humhal ar nithe neamhdha, cíonn sé níos faide ar gach aon taobh cad tá maith agus cad tá olc, cad ba cheart teitheadh uaidh agus cad ba cheart glacadh chuige féin ... caillfidh an té a luíonn i ngleann na mianta agus na sainte ní amháin an radharc seo ach radharc ceart ar féin,

is é sin, conas nach raibh ann ina thús ach sponc gránna, gan ann ina mheán-aois ach soitheach caca, ná ina dheireadh ach bia crumh (Wenzel: 1989).

Dá mba é Mac Dé féin é cuireadh cathú air slí an tslánaithe a thréigint, ná ní raibh naoimh eiseamláireacha an Ríordánaigh féin, Treasa Avila agus Eoin na Croise, saor ó oíche dhorcha an anama. Ba é an dála céanna ag an Ríordánach é agus an file Meiriceánach Eunice Tietjens:

> But I shall go down from this airy place, this swift white peace,
> This stinging exultation.
> And time will close around me, and my soul stir to the rhythm
> Of the daily round (Rittenhouse: 1919).

Tharlódh cuid d'íomhára an Ríordánaigh sa liosta de dhaoine a dtabharfaidh sé gean a chroí dóibh anseo a bheith faoi chomaoin ag 'Litir Naomh Séamas':

> Féach an feirmeoir agus é ag feitheamh le fómhar luachmhar na hithreach, agus foighne aige leis nó go bhfaighe sé an fhearthainn luath agus déanach. (5: 7)

> Don bhfeirmeoir ag tomhas na gaoithe
> Sa bhfómhar is é ag cuimhneamh
> Ar pháirc eornan

B'fhéidir a rá gurb é 'Saoirse' deireadh na hoilithreachta san as an duibheagán ina bhfuair an Ríordánach é féin ar bhás dá mháthair. Agus tar éis na bóithreoireachta go léir go 'Cnoc Mellerí', 'Oilithreacht fám Anam', agus 'Oileán agus Oileán Eile', tá sé ar ais san áit as a dtosnaigh sé amach. Turas fíorúil na beatha a bhí i gceist sa réamhrá dóchasach aige le *Eireaball Spideoige*, ar iasacht ó 'Burnt Norton' T. S. Eliot: 'Footfall echo in the memory . . .', línte líonta lán de dhóchas na hóige. Ach anois, ag deireadh na hoilithreachta, is línte ón ndán céanna le Eliot is fearr a dhéanann suimiú ar an dtuiscint a bhfuil sé tagtha air de staid Agaistíneach an duine ar an saol seo:

We shall not cease from exploring
And the end of all our exploration
Will be to arrive back where we started
And recognise the place for the first time.

Is é sin le rá, go n-aontódh sé le Nietzsche: go bhfuil Dia marbh agus gur faoin nduine fhéin atá i ndeireadh thiar. Nó, le friotal dúchasach a chur ar a thuiscint anois, go bhfuil aibiúlacht agus misneach Aogáin Uí Rathaille in 'Cabhair ní ghairfead' le brath anseo, an mise sin na haiceantachta, nach bhfuil ionainn ach scáth ina éagmais agus ina héagmais.

An domhan de réir an Ríordánaigh in 'Ní Ceadmhach Neamhshuim' agus 'Na Leamhain'

Pádraig Ó Liatháin

San aiste seo bead ag díriú ar chúpla smaoineamh ar an dá dhán, 'Ní Ceadmhach Neamhshuim' (LL 40) agus 'Na Leamhain' (B 18) faoi seach. Tá na dánta seo roghnaithe agam go háirithe toisc go nochtar gnéithe de mheon Uí Ríordáin ar shlí an-suntasach a spreagann samhlaíocht an léitheora ar shlí neamhchoitianta, dar liom, cé gur fearr 'Na Leamhain' mar dhán. Díol suntais is ea é chomh maith an chaoi a mbaineann An Ríordánach leas as an íomháineachas agus as an tsamhlaíocht, maille le cosmeolaíocht na físe aige sa dá dhán seo.

Is minic go bhfeictear Seán Ó Ríordáin ag machnamh ar staid uaigneach an ealaíontóra agus an bhreoiteacháin. Níor chóir, mar sin féin, díriú an iomarca ar an ngné sin dá phearsantacht, i mo thuairim, a thiocfadh eadrainn agus an saothar ealaíne ar uaire. Mar fhile, bhí sé de shíor ar thóir bhrí bhunúsach a eisint cé gur minic go raibh a intinn míshásta de thoradh na n-iarrachtaí agus na dtorthaí araon. Ní nach ionadh, bhí sé leochaileach maidir leis an áit sa saol a bhraith sé a bhí aige, mar bhall pobail agus mar

Ghaeilgeoir, agus tá sé le feiceáil ina shaothar gur bhraith sé gur mhair sé agus gur chruthaigh sé – mar fhear agus mar fhile – ar na himeallaibh.

'Ní Ceadmhach Neamhshuim'

Ar dtús, mar sin, ba mhaith liom féachaint ar 'Ní Ceadmhach Neamhshuim'. Feicim rian láidir na cosmeolaíochta ar an dán seo. Feictear an méid sin trína bpléann sé sa dán – a bhfuil beo agus neamhbheo, an cosmos agus a chuid eilimintí, beag beann ar a méid ná ar a mbídeacht, ach amháin go bhfuil an tábhacht chéanna leo ar fad.

Is féidir turas taiscéalaíoch an fhile a rianú tríd an dán. Is follas a aigne mhachnamhach, aonaránach anseo, sa tslí go ndírítear a aird de réir a chéile ar a bhfuil timpeall air. D'fhéadfaí a rá, ar an gcaoi seo, go leanann sé anseo gnáthphatrún na tóraíochta spioradálta. Tosaíonn sé leis na feithidí ar dtús a bhíonn timpeall orainn i gcónaí: de ló (beach) is d'oíche (leamhan). Ansan, casann sé a aird ar an domhan agus a chuid dúile, rudaí gur buaine iad ná an duine, agus atá mar chuid de shíorathnuachan an tsaoil. Tá sé suimiúil freisin gur scríobh a chara Shelley - ar thagair sé dó in 'Fill Arís' - na línte seo mar chuid den dráma *Hellas*:

Worlds on worlds are rolling ever
From creation to decay,
Like the bubbles on a river,
Sparkling, bursting, borne away
But they are still immortal
Who, through birth's orient portal
And death's dark chasm hurrying to and fro,
Clothe their unceasing flight
In the brief dust and light
Gathered around their chariots as they go;
New shapes they still may weave,
New Gods, new laws receive . . . (Shelley 1970: 457)

Críochnaíonn sé an dán le tagairt don rud atá i bhfad níos mó ná muidne, agus feictear go bhfuil stráice de mhór-Roinn, satailít, agus an domhan féin luaite. Sa mhéid seo ar fad, feictear go bhfuil fráma fealsúnta timpeall ar an dán seo.

Maidir leis an gcosmeolaíocht, tagann an focal féin ón nGréigis, agus an bhrí atá leis ná staidéar ar an domhan ina iomláine agus, dá bharr, teacht ar thuiscint ar ár n-áit ann. Is ionann cosmeolaíocht agus staidéar agus machnamh ar gach a bhfuil sa chruinne, trí lionsa an teileascóip agus an mhicreascóip araon. Cé gur focal nuachumtha é ón ochtú céad déag (ag fear darb ainm Chistian Wolff ina leabhar *Cosmologia Generalis* sa bhliain 1730), tá an cineál machnaimh seo ar bun leis na mílte bliain. Tá iarrachtaí déanta le fada muid féin a shuíomh laistigh de fhráma coincheapúil le bheith in ann na freagraí a fháil ar cheisteanna fén domhan agus a ngaol féin leis. Téann an cuardach seo chomh fada siar agus is féidir, bunaithe ar eisint an domhain, cad as ar tháinig sé, conas a cruthaíodh é.

Áit éigin idir an eolaíocht agus an creideamh a sheasann dearcadh fealsúnta na cosmeolaíochta meitifisicúla. Féach gur scríobh Ó Ríordáin na línte misteacha seo mar gheall ar stádas an fhile:

Ná hoirfeadh sé dó a cheapadh gurb é an cosmos é? Braithim go gcuirfeadh sé lena chumhacht mar fhile. Chuirfeadh sé lena éisteacht. Nach thar ceann an chosmos atá sé ag labhairt? Sé atá sa bhfile ná micrafón trína labhrann an cosmos. (Ó Ríordáin, 1971)

Tá ceol curtha leis an dán seo ag Iarla Ó Lionáird san albam is déanaí uaidh, *Invisible Fields*. Tugann Ó Lionáird aghaidh ar an gcosmeolaíocht sa dán áirithe seo (amhrán dar teideal suntasach 'Aurora'), agus faighimid a léamh féin ar bhrí an dáin. Tá eagarthóireacht déanta ar an téacs, agus fágtar cuid de ar lár, cé nach gcailltear puinn ó bhunbhrí an dáin. Tá fuaimrian atmaisféarach ann ó thús, a mhaireann píosa fada isteach sa traic sula dtosnaíonn aon chanadh. Tá samplaí fuaime measctha isteach ag Ó Lionáird anseo, tógtha ó Réadlann Réalteolaíoch san Fhionlainn, agus is léir go mbraitheann Ó Lionáird achainí an Ríordánaigh maidir lenár nglacadh isteach sa mhórchosmos, dar liom.

> By turns shamanic, scientific and prophetic the poet calls to us from the margins and challenges us to empathise with those in our midst who so often go unnoticed … all of life's forms unified in importance and placed alongside each other as one. (Ó Lionáird, 2005)

Luann an file céard iad atá cruthaithe sa saol seo: 'Níl cuil, níl leamhan, níl beach, / dar chruthaigh Dia, níl fear,' (LL 40). Tá an creideamh le feiscint anseo, agus Dia mar chruthaitheoir. Ach is é Ó Ríordáin féin atá ag iarraidh ord a chur ar an gcosmos sa dán. 'Bhfuil síoraíocht ann mar deir na naoimh' ('An Cheist', ES 31), áfach? Is dóigh liom go dtugann an Ríordánach aghaidh éigin ar an gceist tríd an dán. Leanann an bhuneisint, cé nach maireann an corp, seans? An sruth gearrshaolach sruth an duine aonair? Féach an dán 'Súile Donna' (LL 13) mar shampla, agus na línte:

Ab shin a bhfuil de shíoraíocht ann,
Go maireann smut dár mblas,

agus in 'Toil' (LL 28) atá na línte:

An rabhas-sa le brath
Inar gineadh dem shinsear?
An rabhas-sa im rud
Sular gineadh i mbroinn mé?

An rabhas-sa im ní riamh
Gan tús liom ná deireadh?
An mairfeadsa choíche
Ag malartú seithe?

Díol suntais is ea é chomh maith, dar liom, go bhfuil tagairt ag Ó Lionáird do ráiteas Uí Ríordáin laistigh den chlúdach ar a chéad albam aonair, *Seacht gCoiscéim na Trócaire*: 'I am but a molecule of that larger body of my ancestry'. (Ó Lionáird 1997.)

Is suimiúla fós, áfach, an dara cuid den chéad véarsa, nuair a luaitear an gealt, duine le hualach na beatha á iompar aige, íomhá thar a bheith Críostaí, caithfear a rá. Ar ár son a dhéantar gealt den duine, dar leis an bhfile. Ach nach é féin an gealt, an Ríordánach mar ollcheardaí leithleach a dhomhain féin, ar tagraíodh dó, den chéad uair, b'fhéidir, in 'Odi Profanum Vulgus' (ES 35), maidir leis an imní, agus an fhulaingt, a iompraíonn sé, 'Le tuairim is dínit na cléire'. Féach ar an méid a dúirt sé féin sa bhliain chéanna a foilsíodh an saothar seo, 1971, in alt san *Irish Times* dar teideal 'Gaeilgeoirí Goilliúnacha': 'Nach gealt is ea an file, i bhfriotal an neamhfhile?'

Ar ndóigh, tá 'laigeacht' ag baint leis an staid leochaileach seo atá á cur chun cinn, agus ní mór cuimhneamh gur ar thaobh na leochaileachta atá Ó Ríordáin anseo, i gcoinne an duine láidir. Braithim anseo tuairim an duine a thuigeann daoine imeallacha, agus atá ag iarraidh go láidir comhbhá a chothú. Ní mar sin a bhíonn na gnáthdhaoine, ach caithfidh file a bheith oscailte don saol mór le go mbeadh tuiscint níos leithne aige: 'Ag éisteacht leis féin a bhíonn an fear láidir, ní leis an gcosmos. Dá bhrí sin sé dualgas an fhile a cheapadh gurb é an cosmos é' (Ó Ríordáin, 1971).

Chun cur leis an mothálacht sin, díreach ar an leathanach in aice le 'Ní Ceadmhach Neamhshuim' atá an dán 'Dom chairde' (LL 41), dán ina dtráchtann sé: 'don éagóir atá ag an láidir á imirt ar an lag / sa domhan so inniu, / agus leis na mílte bliain' agus is léir arís eile an bhéim a leagann sé féin ar an bhfaillí atá déanta i dtábhacht na nithe agus na neachanna imeallacha.

Maidir leis an dara véarsa, tá sé i bhfad níos dlúithe mar aonad ná an chéad véarsa. Is é an t-ainmfhocal briathartha 'machnamh' an focal is tábhachtaí anseo, dar liom. Tá an suíomh sa chéad dá líne (áit, sruth, sceach, leac, iargúlta) allabhrach ar ghairdín Zen, nach mór, nó Guagán Barra fiú! Tráchtann sé ina dhiaidh ar na háiteanna i bhfad uainn, an Leathsféar Theas, an ghealach (satailít gur féidir linn a fheiscint go follasach, ach fós lasmuigh dár sféar domhanda). Í in airde, mar rinn neimhe ag caitheamh solais ar shamhlaíocht an údair agus arís, ina chuid focal féin, 'Nach aníos as a bhfuil ann a thagann an rud a deir sé [an file]? Más file é ná caithfidh an cosmos labhairt tríd?' (Ó Ríordáin, 1971).

Mar sin, tá gach rud, beo agus neamhbheo, mar chuid bhunúsach dár n-oidhreacht agus dár n-eisint féin. Is ionann, mar sin, an suíomh áitiúil dar dínn é agus an suíomh domhanda, agus ba cheart go mbraithfimis ag baile i ngach aon áit. Tá amhras ormsa, áfach, nach bhfuil an iarracht seo ró-fhéin-chomhfhiosach, agus is é an casadh suimiúil sa cheist seo ná go mb'fhéidir go raibh an file ag glaoch ar an rud uilíoch mar fhaoiseamh agus mar fhuascailt ar cé chomh leithleach a bhraith sé féin ag amanna áirithe ina shaol. Chuile sheans, dá dheasca sin, go bhfuil sé ag tochailt ar a shon féin sna cáithníní cré as ar fáisceadh é. Ar ndóigh, bhí corp tinn leochaileach aige dá bhuíochas ar feadh cuid mhaith dá shaol. Mar sin féin, níl sé i gceist agam san aiste áirithe seo cráiteacht a aigne féin a phlé maidir le cúinsí a shaoil; dar liom nach leor an t-eolas sin sa scagadh seo ar ealaín a chuid cumadóireachta.

Ba mhinic dó, ar ndóigh, go háirithe in *Eireaball Spideoige*, a bheith ag léiriú dímheasa ar an daoscar, cóip neamhhintleachtúil na sráide ('Tost' (B 28), 'Éist le Fuaim na hAbhann' (ES 47), 'Sos' (ES 46), 'An Peaca' (ES 41)). Ach i 'Ní Ceadmhach Neamhshuim' (LL 40) cuireann sé béim ar an rud bídeach, cé nach suarach é ar chor ar bith. Tá sé thar a bheith suimiúil nach leagtar mórán béime ar aon duine daonna eile seachas ar an ngealt sa dán; cuirtear béim ar ainmhithe agus ar fheithidí, ar Dhia agus ar an domhan, agus a bhfuil ann laistigh agus lasmuigh de.

Ar ndóigh, seo dán as *Línte Liombó*, agus an bás níos láidre fós lena ais ná an bhagairt a bhraith sé ar feadh a shaoil; bhí a fhios aige go raibh sé ag druidim leis an deireadh fén dtráth seo. B'fhéidir gurb é seo ba chúis leis an maolú siar ar an searbhas agus ar an éadóchas sa saothar seo (cé go dtaispeánann na dánta 'Solas' agus 'Dom Chairde' sa saothar céanna ná raibh a chúl tugtha ar fad aige do na smaointe sin.)

Is é an locht is mó ná neamhaird a thabhairt ar rud. Féach an méid orduithe sa dán, ('ní ceadmhach', 'nár chuí', 'níor cheart'). Tá an file ag áiteamh orainn go bhfuil gach cuid den nádúr mar bhunchuid dínn agus a mhalairt. Is dual gabháil ar thuras domhanda chun do bhaile féin a bhaint amach. Mar sin, ní ceadmhach neamhshuim, nó neamhaird; sin é an pointe tosaithe. Comhbhá atá ag teastáil thar aon ní eile.

> Through all of this what impresses even more than the cosmological scope of his awareness is Ó Ríordáin's telling compassion for all that is; whether man, moth or stardust. (Ó Lionáird 2005).

'Na Leamhain'

Ba mhaith liom anois féachaint ar an dán 'Na Leamhain'. Seo dán a thaitin liom riamh anall, cé go bhfuil sé doiléir go maith in áiteanna. Bead ag díriú go príomha ar íomháineachas an dáin agus a mbaineann leis, agus seans go dtarraingeofar anuas tuilleadh ceisteanna doréitithe i leith an dáin dá bharr. Tá oscailt obann drámatúil ag an dán seo:

Fuaim ag leamhan leochaileach, iompó leathanaigh,
Bascadh mionsciathán (B 18)

Feictear tábhacht na gcéadfaí tríd an dán ar fad. Nochtar, chomh maith, draíocht, gliondar, díomá, comhbhá – mar an aigne linbh ab ansa leis. Tá sraith íomhánna sa téacs, áfach, a mheabhraíonn siombailí na miotaseolaíochta agus na síocanailíse domsa.

Má ghlacaimid leis mar dhán siombalach, ciallaíonn sin nach gá dúinn dul go bun an angair ar thóir 'bhrí' éigin, óir nach bhfuil a leithéid de chinnteacht bhuan leis. Mar shampla, is gnách d'fhile siombalach dul i dtuilleamaí an taibhrimh agus na miotaseolaíochta le friotal físeach anama a nochtadh. Ní hionann na siombailí acu agus gnáthíomháineachas so-thuigthe, mar is siombailí pearsanta, príobháideacha, débhríocha agus rúndiamhracha a bhíonn in úsáid acu. Féach, mar shampla, an pictiúr *Fírinne* le Mikalojus Konstantinas Čiurlionis, an péintéir siombalach Liotuánach, ina bhfeictear fear (féinphortráid), leamhain, agus coinneal ar lasadh, gan rud ar bith eile ann.

Mar achoimre ar an dán, tá an suíomh leapan curtha i láthair dúinn arís, agus tá feithid bheag neamhshuntasach arís anseo; créatúr leochaileach cosúil leis an bhfile féin ag streachailt sa dorchadas, meallta ag an solas, ag iarraidh a bheith istigh leis. An file ag scríobh/léamh san oíche, eisean agus an leamhan sáinnithe istigh i ngaiste an bhreacsholais. Ansin, cúlaithe siar ina shamhlaíocht, braitheann sé an leamhan mar neach atá rófhada uaidh. Ní mór dó aire a thabhairt dó, agus samhlaítear caidreamh éigin dá bharr. Déantar praiseach nó tuaiplis den chaidreamh, áfach, de bharr easpa fearúlachta, agus tá teipthe air sa deireadh, is cosúil.

Thar aon ní eile, áfach, feictear dom osréalachas agus

siombalachas maidir le híomháineachas an dáin, fite fuaite le bunsmaoineamh impriseanaíoch – leamhan a chonaic sé ar foluain timpeall air ina sheomra istoíche, agus a dtagraíonn sé dó ag tús agus ag deireadh an dáin. Seo míniú ciclipéideach de chuid André Breton, príomhbhunaitheoir na gluaiseachta, i mblianta fichidí na haoise seo caite ar cad is osréalachas ann, ina bpléitear fadhb mheitifisicúil na beithe:

> Encycl. *Philos.* Le surréalisme repose sur la croyance à la réalité supérieure de certaines formes d'associations négligées jusqu'à lui, à la toute-puissance du rêve, au jeu désintéressé de la pensée. Il tend à ruiner définitivement tous les autres mécanismes psychiques et à se substituer à eux dans la résolution des principaux problèmes de la vie. (Breton 1988: 328).

Ní cadhan aonair an dán seo ar an gcaoi sin i bhfilíocht Uí Ríordáin, agus ar ndóigh, tá clog Dali luaite cheana féin leis an dán 'Fiabhras' (B 26).

> Tá pictiúir ar an bhfalla ag at,
> Tá an fráma imithe ina lacht,
> Ceal creidimh ní féidir é bhac,
>   Tá nithe ag druidim fém dhéin,
>   Is braithim ag titim an saol.

agus chímse go bhfuil an éifeacht chéanna leis an dán 'Solas':

> Do thit an oíche diaidh ar ndiaidh
> Go dtí gur mhúch an uile rud,
> . . .
> Do chaill cathaoireacha a gcruth,
> Do chuaigh an seomra ar ceal,
> Do shloig an dubh an uile chruth (LL 35)

agus leagan amach an bhoird in 'Claustrophobia' (B 13):

In aice an fhíona
Tá coinneal is sceon

nuair a fheictear fíon, coinneal, sceon agus dealbh naofa le hais a
chéile mar *ábhar neamhbheo* (*Still Life*) meitifisciúil a bheadh ag an
mbeirt Giorgio, Morandi agus de Chirico ón Iodáil (Féach
Metaphysical Interior with Biscuits le de Chirico, mar shampla).

Tháinig an ghluaiseacht go mór faoi thionchar Freud agus
Jung. D'áitíodar gurb ionann an comhfhios agus foinse na
samhlaíochta cruthaithí. Nasctar an réaltacht agus an taibhreamh
dá dheasca sin. Ar ndóigh, feictear an nasc céanna leis an
taibhreamh a luann Ó Ríordáin sa dán 'Na Leamhain', cuirim i
gcás:

Oíche eile i dtaibhreamh bhraitheas-sa
Peidhre leamhan-sciathán (B 18)

ach an bhfuil seo mar thuar éigin? 'Apocalypse brionglóideach' a
thug sé air sa dán 'Feithideacht' (ES 89):

Chonac feithid ins an oíche
A bhí go suarach mion
. . .
Mar do chorraigh smaoineamh cróga
I gceann an fheithid bhig,
Apocalypse brionglóideach
Mar sheagal d'fhás 'na dhrólainn
Is dob fhathach an scioból sin
In abhac-iothlainn.

Sa dán '????' (ES 98) tráchtann sé ar an:

Smaoineamh beag mailíseach,
A thosnaigh thíos in ifreann
In inchinn an diabhail féin,
Is a eitil tríd an oíche,

Mar leamhan ag lorg solais
go ráinig lampa an Tiarna
Is gur chrom ar Dhia do chiapadh,

'Undisguised wish-fulfilments' atá i dtaibhrimh, dar le Freud
(1997: 35), agus ba mhinic a nasc sé seo le mianta anghrácha. An
bhfuil an leamhan leochaileach mar atá an file féin, seans? Seans
chomh maith go bhfuil sé scanraithe roimh an fhoirfeacht i bhfad
uaidh ('anam dea-chumtha na hoíche'), an rud álainn seo a
chuireann frustrachas air ('Is do chritheas le fuacht an filíochta'
ES 41), agus a fhágann braistint an uaignis don ghrá nuair nach
gcomhlíontar é ('Mar bhí peaca ar anam na hoíche' ES 41).
Freagraíonn sé, dar liom, dá fhrustrachas, idir aigne is chorp.

Caithfidh go raibh cur amach aige ar dhán liricúil gléineach
Yeats 'The Song of Wandering Aengus': cuirtear síos ann ar dhia
na seirce agus na hóige ar thóir spéirmhná a facthas in aisling dó,
agus chaith an chuid eile dá shaol ar a tóir.

I went out to the hazel wood,
Because a fire was in my head,
And cut and peeled a hazel wand,
And hooked a berry to a thread;
And when white moths were on the wing,
And moth-like stars were flickering out,
I dropped the berry in a stream
And caught a little silver trout.
When I laid it on the floor
I went to blow the fire a-flame,
But something rustled on the floor,

And someone called me by my name:
It had become a glittering girl
With apple blossom in her hair
Who called me by my name and ran
And faded through the brightening air. (Yeats 1992: 55-6)

Ag iarraidh an leamhan a shaoradh, mharaigh sé é, agus tá seo débhríoch chomh maith. Maidir leis an bpúdar, mar is eol do mhórán, scriosann baint an phúdair cumas eitilte an leamhain, toisc go gcailleann sé cothromaíocht dá bharr. Teip éigin atá i gceist, pé scéal é. Feictear eisean mar an duine lag arís, cosúil le 'Ní Ceadmhach Neamhshuim' agus mórán dánta eile.

Maidir leis an deireadh, agus an 'creachadh', cuireann sé cumas gluaiseachta na leamhan i gcuimhne dom, rud a nglaotar *transverse orientation* air. De réir na teoirice sin, coinníonn an leamhan gaol le solas neamhaí na gealaí san oíche le gur féidir leis eitilt go díreach i línte gluaiseachta. Fiú agus é ag taisteal i bhfad is beag an t-athrú a thagann ar an uillinn idir an leamhan agus an fhoinse solais, a fhanann i gcónaí in uachtar a réimse radhairc. Níl na foinsí solais daonna ar marthain fada go leor le go n-athródh na leamhain a gcéadfaí de réir na héabhlóide; mar sin nuair a dhéanann leamhan iarracht gluaiseacht de réir na bhfoinsí nua sin, maolaíonn ar an uillinn go suntasach, agus casann sé i dtreo an tsolais lena eitilt a cheartú, rud a tharraingíonn níos gaire agus níos gaire fós é don solas fearacht Icarus – fiú más comhtharlú féin é, cé nach dócha gurb ea, tá peidhleacán ann atá ainmnithe go fóirsteanach mar *Polyommatus Icarus*, nó an Gormán Coiteann sa Ghaeilge.

Tá Seán Ó Ríordáin ag iarraidh an leamhan a mhealladh agus a shábháil san am céanna, cé go marófar é is cuma cad a dhéanfaidh sé. Mar sin, b'fhéidir go bhfuil leid sa tsíocanailís agus sa mhiotaseolaíocht go háirithe dúinne anseo. Tagairt mhiotaseolaíochta a ritheann liomsa is ea miotas Psyche. Scríobh an file Keats an dán 'Ode to Psyche' ina dtráchtann sé ar thaibhreamh leis:

Surely I dreamt today, or did I see,
The winged Psyche with awaken'd eyes? (Keats 1919: 626.)

I miotas na Gréige, ba dhuine daonna í Psyche, (ainm a chiallaíonn agus a chomhfhreagraíonn do 'anam' agus 'leamhan' sa Ghréigis) saoraithe óna cinniúint ag Zeus. (Féach go bhfuil fiú fine leamhan ainmnithe as an scéal, *Psychidae*, agus géineas dar teideal *Zamopsyche* chomh maith (Toman 1990: 323).)

Bhí Psyche mar an iníon ab áille ag Rí Anatolia. Bhí Aphrodite féin in éad lena háilleacht, agus sheol sí a mac Eros chuici chun saighead mheirgeach a scaoileadh léi le go dtitfeadh sí i ngrá le duine a scriosfadh a saol. Ina áit siúd, áfach, thit Eros féin i ngrá léi agus scaoil an tsaighead go seachránach isteach san fharraige. Nuair a thit codladh uirthi, thóg sé leis í chuig a phálás féin. Ghoill seo go mór ar Aphrodite ní nach ionadh, agus cé gur cheadaigh sí dá mac cuairt a thabhairt uirthi gach oíche, ní ligfeadh sí do Psyche aghaidh Eros a fheiceáil. Oíche amháin, de bharr fiosrachta, shocraigh Psyche go lasfadh sí lampa chun éachtaint a fháil air. Thit braon te ola ón lampa ar Eros, a bhí ina thámhchodladh. Dhúisigh Eros agus theith sé. Gearradh pionóis ar Psyche mar gheall ar a drochiompar. Tar éis neart cúraimí a chomhlíonadh, deineadh neamhbhásmhar í sa deireadh le go bhféadfadh sí maireachtaint lena buanghrá (an dia deireanach a ceadaíodh i measc an chomhluadair Oilimpigh), ach scaradh a *psyche* óna corp nuair a rinneadh neamhbhásmhar í agus chuaigh thart i bhfoirm leamhain. Níl seo ródhifriúil ón dán féin, sa mhéid is go ndéanfadh an lampa dochar don chaidreamh chomh maith. Tá cur síos ar an scéal sa phictiúr ag Jacopo Del Sellaio (ca. 1442-93), dar teideal *Scéal Chúipid agus Psyche.*

Maidir le sanasaíocht an fhocail, tagann sé ón mbriathar *psycho* a chiallaíonn séideadh, agus is é an *psyche* ná an dé deiridh roimh bhás. Dá bharr sin, seasann sé don smut saoil a éalaíonn as corpán ar uair an bháis. Chreid na Gréagaigh gurbh é an t-anam ba chúis le hiompar an duine. Creideadh go dtagann anam nua ar an saol gach uair go saolaítear leamhan, nó peidhleacán, ach sa tír seo tá a mhalairt ann, gurb iad na feithidí seo anamacha na marbh ag feitheamh sula gcuirtear ar aghaidh chun na purgadóireachta iad. B'fhéidir go raibh tagairt do thaibhreamh rúndiamhrach Mhuiris Uí Shúilleabháin in *Fiche Bliain ag Fás* i gcuimhne Uí Ríordáin agus é i mbun pinn chomh maith. (Ó Súilleabháin 1995: 19-20).

Ceist amscaí eile sa dán ar ndóigh is ea 'uimhreacha na fearúlachta' agus na tagairtí eile dóibh ('do shiúil na deich n-uimhreacha as an mearbhall', 'ciníocha ag plé le huimhreacha'). Chreid na Gréagaigh go bhféadfaí nithe a thabhairt fé ndeara agus a chur i dtéarmaí matamaitice nó céimseatan. Chiallaigh sin gur mheasadar go bhféadfaí gach aon ní agus tarlúint a thomhas ar bhonn matamaiticiúil. Bunaíodh scoileanna éagsúla, le go bhféadfadh an mhatamatic freagairt d'ord an tsaoil. Cé go bhfuil éabhlóid tagtha anois ar na tuiscintí a bhain le stair na matamaitice clasaicí, creideadh in aimsir an Ríordánaigh gurbh é Píotagarás agus a lucht leanúna sa séú haois roimh Chríost a d'fhéach ar uimhreacha agus ar chéimseata mar bhunús gach aon rud nádúrtha. Ar ndóigh, tagann seo go láidir le dearcadh cosmeolaíoch ar an saol, a rianaigh mé sa chéad chuid den aiste seo.

Maidir leis an uimhir 10, seo uimhir mhisteach na críochnúlachta agus na haontachta, go háirithe sa traidisiún Giúdach; sin an fáth, ar ndóigh, go raibh na Deich nAitheanta nochtaithe ag Dia do Mhaois, ag déanamh achoimre ar na dualgais

Eabhraise ba thábhachtaí. *Iota* is ea an focal air sa Ghréigis, ach *Yod* is ea an uimhir deich san Eabhrais, a chiallaíonn lámh chomh maith agus, ar ndóigh, sin an uirlis chomhairimh is luaithe ar fad. Cruthaíodh deich rud ar an gcéad lá sa Sean-Tiomna agus deich rud ar an séú lá, bhí deich nglúin ann ó Ádhamh go Naoi, agus arís ó Naoi go hAbrahám.

Sa chóras Píotagarásach, tugtar míniú ar an gcruinne de réir córais uimhriúil; suimiú na gcéad cheithre slánuimhreacha 1, 2, 3, 4 is ea 10, a measadh mar uimhir fhoirfe ag an am, agus gur ann a mhair nádúr iomlán na n-uimhreacha. Ba shiombail an uimhir 10 ar iomlán na cruthaitheachta (agus na cruinne), agus bhí réalt le deich bpointe (an *tetratys*) ag seasamh dó. Fiú ar bhonn simplí, sin uimhir na méar freisin, bunús an chórais deachúlaigh agus na ndeachuithe araon. Measadh gur fhreagair na ré-uimhreacha d'airíonna firinscneacha, agus má b'ionann uimhir 10 agus an uimhir ab fhoirfe a bhí ann, b'fhéidir gurb é sin is brí le 'uimhreacha na fearúlachta' a bheith ann féin, cé nach léir dom gur féidir a bheith cinnte faoi seo go deo. (Arís, sa traidisiún Giúdach, mar shampla, tá gá le deichniúr fear le haghaidh *minyan*, guíodóireacht chomhchoitianta; gan an uimhir sin, ní mór áit a fhágáil go dtí go dtiocfar ar dhóthain fear.)

Is léir, go háirithe, go mbraitheann Ó Ríordáin mar dhuine atá lasmuigh de chóras an oird (mar sin, sa *chaos*, anord?), agus go bhfuil sé eisiata ó dhomhan na n-uimhreacha. Dá measfadh sé gur féidir le haireachtáil agus tuiscint ar uimhreacha 'cumhacht' a bhronnadh ar rud – 'Má deireann tú go bhfuil céad go leith míle slí sa bhóthar idir Corcaigh agus Baile Átha Cliath, sin cumhacht áirithe agat ar an mbóthar sin' (Ó Coileáin 1982: 293) – caithfidh nach duine é féin a chomhlíonann iomláineacht uimhriúil ar chaoi éigin. Mar sin féin, ní féidir a bheith cinnte faoi shinéistéise bhrí an bhunsmaoinimh, óir sin rud a bhaineann go díreach le samhlaíocht an fhile, agus níl sé nochta dúinne go follasach anseo.

Tá dúnadh mar mhacalla ar thús an dáin, ach go bhfuil casadh beag ann: 'Fuaim ag leamhan leochaileach / iompó leathanaigh / creachadh leamhan-scannán / Oíche fhómhair is na leamhain ag eiteallaigh / Mór mo bheann ar a mion rí-rá.'

Ag an deireadh, tá an créatúr seo marbh, ach céard a bhraitheann sé? Focal borb is ea 'creachadh' anseo mar 'urchar trí ghloine na hoíche' (ES 41), cé nach bhfágtar an file ina aonar an uair seo. Canathaobh gur oíche fhómhair atá ann? Is beag iad an méid leamhan a mhaireann chomh fada sin; cailltear a bhformhór roimh dheireadh an tsamhraidh, agus is ar éigean a mhaireann aon chuid acu isteach sa gheimhreadh. (Seachas focheann mar *December Moth* nó, mar a thugtar air sa Ghaeilge, Leamhan na Samhna!). Mar sin, an mbraitheann sé ciontach anseo go bhfaighidh siad ar fad bás dá ainneoin? Nó dá bharr, fiú, toisc iad meallta isteach ag solas a inspioráide? É féin atá i bponc, seans, agus é ag iarraidh anseo a chás cráite féin a chur in iúl dúinn.

Maidir leis na leamhain, 'Mór mo bheann ar a mion rí-rá', a deir sé. Tá sé fós an-tógtha leo, tugann seisean aird fé leith orthu, murab ionann agus daoine eile de ghnáth. Arís eile, 'ní ceadmhach neamhshuim' a dhéanamh dár gcúram. Nuair ba cheart go mbeadh sé féin ag léamh, nó ag scríobh filíochta, nach é féin atá meallta acusan. Nach n-oirfeadh 'Mise agus Leamhan Bán' mar theideal chomh maith?

Foinsí

Arnold, M. 1906. *Essays Literary and Critical*. London: J. M. Dent & Co.

Black, R. 1999. *An Tuil: Anthology of 20th Century Scottish Gaelic Verse*. Edinburgh: Polygon.

Breton, A. 1988. *Le Manifeste Surréaliste*. Œuvres complètes I. Paris: Éditions Gallimard.

Cairns, D. agus Richards, S. 1988. *Writing Ireland: Colonialism, Nationalism and Culture*. Manchester: Manchester University Press.

Callahan, P. S. 1977. 'Moth and candle: the candle flame as a sexual mimic of the coded infrared wavelengths from a moth sex scent (pheromone)', *Applied Optics* 16.12, 3089-3097.

Constant, B. 1957. *Adolphe*. Paris: Éditions Gallimard.

Cronin, M. 1996. *Translating Ireland: Translation, Languages, Cultures*. Cork: Cork University Press.

——— 2005. *Irish in the New Century/An Ghaeilge san Aois Nua*. Baile Átha Cliath: Cois Life.

Daniel, R. 1727. *The Royal Penitent*. Dublin: Bernard Lintot.

de Barra, S. 1989. 'Machado agus an Ríordánach', *Comhar*, Feabhra, 28-30.

de Fréine, S. 1978. *The Great Silence*. Cork: Mercier Press.

de Grás, M. 1994. *Aircív Sheáin Uí Ríordáin: treoirliosta agus innéacsanna*. Baile Átha Cliath: An Coláiste Ollscoile Bhaile Átha Cliath.

de Paor, L. 2006. 'Contemporary poetry in Irish: 1940–2000', in Kelleher, M. agus O' Leary, P. (eag.), *The Cambridge History of Irish Literature*. Cambridge: Cambridge University Press.

de Vere, A. 1927. 'After Kinsale', in Brown S.J., S. (eag.), *Poetry of Irish History*. Dublin: Talbot Press, 148.

Denvir, G. 1988. 'Rian na gcos sa láib: bunthéama i bhfilíocht Sheáin Uí Ríordáin', *Comhar*, Samhain, 25-28.

Donoghue, D. 1992. *Who Says What: A lecture given at the Princess Grace Irish Library on Monday 21 January 1991 with The Question of Voice*. Gerrards Cross: Colin Smythe.

Freud, S. 1997. *The Interpretation of Dreams*, London: Wordsworth.

Harrison, A. 1986. 'An Aigne Neamhscríte – mionchritic ar "Tost"', *Comhar*, Samhain, 25-26.

Joyce, J. 1922 [1984]. *Ulysses*. London: Penguin.

Kennelly, B. 1981. (eag.), *The Penguin Book of Irish Verse* (Second Edition). London: Penguin.

Kiberd, D. 2005. 'Writers in Quarantine? The Case for Irish Studies', in Kiberd, D., *The Irish Writer and the World*. Cambridge: Cambridge University Press.

Leach, M. 1972. (eag.), *Standard Dictionary of Folklore, Mythology and Legend*. New York: Funk and Wagnall's.

Lee, J. J. 1989. *Ireland 1912-1985: Politics and Society*. Cambridge: Cambridge University Press.

Mac Amhlaigh, L. 2006. 'Seán Ó Ríordáin – file faoi sceimhle?', *Comhar*, Samhain, 27-29.

Mac Giolla Léith, C. 1993. '"An Cloigeann Mícheart" nó Ríordánú an Direánaigh', in Mac Giolla Léith, C. (eag.), *Cime mar Chách: Aistí ar Mháirtín Ó Direáin*. Baile Átha Cliath: Coiscéim, 73-83.

Mac Síomóin, T. agus Sealey, D. 1988. *Selected Poems/Tacar Dánta*. Dublin: Goldsmith.

Mhág Craith, C. 1967. *Dán na mBráthar Míonúr*. Baile Átha Cliath: Institiúid Ard-Léinn Bhaile Átha Cliath.

Michel, F. B. 1984. *Le Souffle Coupé: Respirer et Écrire*. Paris: Éditions Gallimard.

Neill, W. 2001. *Caledonian Cramboclink*. Edinburgh: Luath Press.

Ní Annracháin, M. 1992. *Aisling agus Tóir: An Slánú i bhFilíocht Shomhairle Mhic Gill Eain*. Má Nuad: An Sagart.

———— 1991. 'The Highland Connection: Scottish Reverberations in Irish Literature', *The Irish University Review*, 35-47.

———— 2001. 'An creideamh eaglasta i nuafhilíocht Ghaeilge na hÉireann agus na hAlban', *An Aimsir Óg 2*, 104-117.

———— 2003. 'An Tírdhreach agus an Teanga Fhíortha i bhFilíocht Iarchlasaiceach Ghaeilge na hÉireann agus na hAlban', in Ní Annracháin, M. agus McLeod, W. (eag.), *Cruth na Tíre*, Baile Átha Cliath: Coiscéim, 136-165.

———— 2007. 'Shifting Boundaries: Scottish Gaelic Literature after Devolution', in Schoene, B. (eag.), *The Edinburgh Companion to Contemporary Scottish Literature*. Edinburgh: EUP, 88-96.

———— 2007a. 'Athchuairt ar an Duibheagán: an Eagna i Saothar Liteartha Mháirtín Uí Chadhain', *Léachtaí Cholm Cille* XXXVII, 208-229.

Ní Chinnéide, M. 1998. '*Comhar* 1942-92: Taifead ar Éirinn a linne', *Léachtaí Cholm Cille* XXIX, 74-92.

Ní Ghairbhí, R. 2006. '"Emotion challenged me to make it sayable": Michael Hartnett's *Adharca Broic.*', in McDonagh, J. agus Newman, S. (eag.), *Remembering Michael Hartnett*. Dublin: Four Courts Press, 53-64.

Ní Loinsigh, M. 2008. *Tar Éis a Bháis: Aistí ar Sheán Ó Ríordáin*. Indreabhán: Cló Iar-Chonnachta.

Nic Eoin, M. 2005. *Trén bhFearann Breac: An Díláithriú Cultúir agus Nualitríocht na Gaeilge*. Baile Átha Cliath: Cois Life.

Nic Ghearailt, E. 1988. *Seán Ó Ríordáin agus 'An Striapach Allúrach'*. Baile Átha Cliath: An Clóchomhar.

Nietzsche, F. 1883-5 [1961]. *Thus Spoke Zarathustra*. London: Penguin.

Ó Baoill, C. 1980. *Feoil an Gheimhridh agus scéalta eile as Albain*. Baile Átha Cliath: Foilseacháin Náisiúnta Teoranta.

O'Brien, F. 1968. *Filíocht Ghaeilge na Linne Seo*. Baile Átha Cliath: An Clóchomhar.

———— 1969. *Duanaire Nuafhilíochta*. Baile Átha Cliath: An Clóchomhar.

Ó Cadhain, M. 1949. *Cré na Cille*. Baile Átha Cliath: Sáirséal agus Dill.

Ó Cadhla, S. 2007. *Civilizing Ireland: Ordnance Survey 1824-1842: Ethnography, Cartography, Translation*. Dublin: Irish Academic Press 2007.

———— 1998. *Cá bhFuil Éire? Guth an Ghaisce i bPrós Sheáin Uí Ríordáin*. Baile Átha Cliath: An Clóchomhar.

Ó Coileáin, S. 1982. *Seán Ó Ríordáin: Beatha agus Saothar*. Baile Átha Cliath: An Clóchomhar.

Ó Cuív, B. 1952. *Párliament na mBan*. Baile Átha Cliath: Institiúid Ard-Léinn Bhaile Átha Cliath.

Ó Direáin, M. 1980. *Máirtín Ó Direáin, Dánta 1939-1979*. Baile Átha Cliath: An Clóchomhar.

Ó Dochartaigh, L. 1982. 'An Spideog i Scéalaíocht na hÉireann', *Béaloideas* 50, 90-125.

———— 1987. '"Adhlacadh Mo Mháthar"– dhá léamh faoi anáil an Bhéaloidis', *Comhar*, Feabhra, 20-23.

Ó Doibhlin, B. 1970. 'Frank O' Brien agus Seán Ó Ríordáin', *Comhar*, Bealtaine, 7-10.

Ó Direáin, M. 1977. 'Seán Ó Ríordáin: an fear agus an file', *Comhar*, Bealtaine, 5-6.

Ó Dúshláine, T. 1987. 'Frithchléireachas an Ríordánaigh?', *Comhar*, Feabhra, 34-36.

———— 1993. *Paidir File*. Indreabhán: Cló Iar-Chonnachta.

Ó Floinn, T. 1985. 'Comhar agus an léirmheastóireacht', in Ó hAnnracháin, S. (eag.), *An Comhchaidreamh*. *Crann a Chraobhaigh*. Baile Átha Cliath: An Clóchomhar.

————- 1953. 'Filíocht Sheáin Uí Ríordáin', *Comhar*, Bealtaine, 5-6.

———— 1953a. 'An Mheadaracht i bhFilíocht Sheáin Uí Ríordáin', *Comhar*, Meitheamh, 5-6.

Ó Giolláin, D. 2005. *An Dúchas agus an Domhan*. Corcaigh: Cló Ollscoile Chorcaí.

Ó Gormlaigh, B. 1982. 'Adhlacadh Mo Mháthar', *Comhar*, Eanáir, 29-31.

Ó hAnluain, E. 1980. (eag.), *An Duine is Dual: Aistí ar Sheán Ó Ríordáin*. Baile Átha Cliath: An Clóchomhar.

Ó hÓgáin, D. 2006. *The Lore of Ireland: An Encyclopaedia of Myth, Legend and Romance*. Cork: Collins Press.

Ó Lionáird, I. 1997. *Seacht gCoiscéim na Trócaire*. Real World Records.

———— 2005. *Invisible Fields*. Real World Records.

O'Rahilly, C. 1952. *Five Seventeenth-Century Political Poems*. Dublin: Dublin Institute of Advanced Studies.

Ó Ríordáin, S. 1952. *Eireaball Spideoige*. Baile Átha Cliath: Sáirséal agus Dill.

———— 1964. *Brosna*. Baile Átha Cliath: Sáirséal agus Dill.

———— 1971. *Línte Liombó*. Baile Átha Cliath: Sáirséal agus Dill.

———— 1978. *Tar Éis mo Bháis*. Baile Átha Cliath: Sáirséal agus Dill.

———— 'Agus ba mhaith leat a bheith do sgríbhneoir?', *The Bell*, Feabhra 1947.

———— 'Botúinis', *Irish Times*, 7 Deireadh Fómhair 1970.

———— 'Aigne an Taibhrimh agus an Radio', *Irish Times*, 22 Bealtaine 1971.

———— 'Gaeilgeoirí Goilliúnacha', *Irish Times*, 21 Lúnasa 1971.

———— 'Má Nuad', *Irish Times*, 12 Lúnasa 1972.

———— 'Laethanta Breátha', *Irish Times*, 16 Meán Fómhair 1972.

———— 'Ollscoil LánGhaelach', *Irish Times*, 12 Eanáir 1974.

—— 'Oidhe an Fhile', *Irish Times*, 4 Bealtaine 1974.

—— 'An Tuata Tuisceanach', *Irish Times*, 21 Meán Fómhair 1974.

—— 'Banfhilíocht na Gaeilge', *Irish Times*, 21 Samhain 1975.

—— 'Scríobh na Filíochta', in Ó Mórdha, S. (eag.), 1975. *Scríobh 2*, 72-3.

—— 1978. 'Seán Ó Ríordáin ag caint le Seán Ó Mórdha', in Ó Mórdha, S. (eag.), *Scríobh 3*, 163-184.

—— 1979. 'Teangacha Príobháideacha', in Ó Mórdha, S. (eag.), *Scríobh 4*, 13-22.

—— 2000. 'Cín Lae, 1940', in Ó Cearúil, M. (eag.), *Aimsir Óg*. 85-114.

Ó Searcaigh, C. 1993. 'Transubstaintiú', *An Bealach 'na Bhaile*. Indreabhán: Cló Iar-Chonnachta.

Ó Súilleabháin, M. 1933 [1995]. *Fiche Bliain ag Fás*. An Daingean: An Sagart.

Ó Tuama, S. 1950. *Nuabhéarsaíocht*. Baile Átha Cliath: Sáirséal agus Dill.

—— 1977. 'Filíocht Sheáin Uí Ríordáin', *Comhar*, Bealtaine, 31-32.

—— 1978. *Filí Faoi Sceimhle: Seán Ó Ríordáin agus Aogán Ó Rathille*. Baile Átha Cliath: Oifig an tSoláthair.

—— 1995. 'Seán O Ríordáin, Modern Poet', in Ó Tuama, S., *Repossessions: Selected Essays on the Irish Literary Heritage*. Cork: Cork University Press, 10-35.

Ó Tuathaigh, G. agus Lee, J. 1982. *The Age of de Valera*. Dublin: Ward River Press.

O'Toole, F. 1998. *The Lie of the Land: Irish Identities*. Dublin: New Island Books.

Pickering, D. 1995. *Dictionary of Superstitions*. London: Cassell.

Quiller-Couch, A. 1919. (eag.), *The Oxford Book of English Verse: 1250–1900*. Oxford: Oxford University Press.

Rearden, T. 2003. 'The Journal of John Rearden (1837-1913)', *Archivium Hibernicum* LVII, 126-154.

Richter, D. K. 2001. *Facing East from Indian Country: A Native History of Early America*. Cambridge, Mass: Harvard University Press.

Rittenhouse, J. B. 1919. *The Second Book of Modern Verse*. New York: Houghton Mifflin.

Roud, S. 2003. *The Penguin Guide to the Superstitions of Britain and Ireland*. London: Penguin.

Ross, R. J. agus Hendry, J. (eag.). 1986. *Sorley Maclean: Critical Essays.* Edinburgh: Scottish Academic Press.

San Juan Jr., E. 1998. *Beyond Postcolonial Theory.* London: Macmillan.

Scarry, E. 1985. *The Body in Pain: The Making and Unmaking of the World.* New York & Oxford: Oxford University Press.

Sewell, F. 2000. *Modern Irish Poetry: a New Alhambra.* Oxford: Oxford University Press.

Sheehan, P. A. 1933. *Uaigheanna Chill Mhóirne.* Baile Átha Cliath: Oifig an tSoláthair.

Shelley, P. B. 1970. *Poetical Works.* (eag. Thomas Hutchinson). Oxford: Oxford University Press.

Sontag, S. 1990. *Illness as Metaphor [1978] and Aids and its Metaphors [1989].* New York, London, Toronto, Sydney, Auckland: Anchor Books, Doubleday.

Spivak, G. C. 'The Burden of English', in Castle, G. (eag.), *Postcolonial Discourses: An Anthology.* Oxford: Blackwell Publishers.

Stocking, G. W. 1987. *Victorian Anthropology.* New York: The Free Press.

Titley, A. 1987. 'Introduction', *An Tonn Gheal: The Bright Wave.* Dublin: Raven Arts Press.

———— 1988. 'Iain Mac a'Ghobhainn Scríbhneoir', *Comhar*, Aibreán, 1988, 15-25.

Toman, J. agus Felix, J. 1974. *A field guide in colour to plants and animals*, (aistr. Margot Schierlova agus Ota Vojtisek). London: Octopus.

Wenzel, S. 1989. *Verses in sermons: Fasciculus morum and its Middle English poems.* Cambridge, Mass: Mediaeval Academy of America.

Yeats, W. B. 1992. Martin, A. (eag.), *Collected Poems.* London: Vintage.

The New Shorter Oxford English Dictionary. 1993. Oxford: Clarendon Press.